Éduquer le potentiel humain

Ouvrages de Maria Montessori
chez Desclée de Brouwer

L'Enfant (préface de J.F. Hutin).

De l'enfant à l'adolescent (préface de J.F. Hutin).

Éduquer le potentiel humain.

La découverte de l'enfant. Pédagogie scientifique, tome I.

L'éducation élémentaire. Pédagogie scientifique, tome II.

L'esprit absorbant de l'enfant.

La formation de l'homme (préface de Renilde Montessori).

L'éducation et la paix (préface de Pierre Calame).

Maria Montessori

Éduquer le potentiel humain

Textes des conférences sur le Plan cosmique tenues en Inde, Kodaikanal, dans l'État de Madras en 1943

Traduction française de
Maria Grazzini

DESCLÉE DE BROUWER

Titre original : *To educate the Human Potential*

Éditions Desclée de Brouwer
10, rue Mercœur - 75011 Paris
9, espace Méditerranée - 66000 Perpignan

www.editionsddb.fr

ISBN : 978-2-220-08032-1

Préface

Voilà enfin, en édition française, quelque soixante ans après sa parution en langue anglaise le livre de Maria Montessori : *Éduquer le potentiel humain*. Livre au travers duquel elle développe sa vision, sa proposition pédagogique pour aider au développement de l'enfant de six à douze ans fréquentant l'école élémentaire.

D'emblée une question s'impose à nous, lecteurs du XXIe siècle. Quelle actualité ? Quelle pertinence ce livre recouvre-t-il aujourd'hui et quelle nécessité y avait-il à le publier en français si longtemps après sa parution ?

À l'heure où la question de l'ennui des enfants à l'école se pose à une société, où l'École s'interroge sur elle-même, sur son action et sur son devenir, ce livre loin de paraître obsolète pourrait être un formidable levier si on voulait bien en mesurer les dimensions explicite et implicite.

Que nous propose Maria Montessori tout au long de cette magnifique leçon qui, pour nous Montessoriens, représente une vue d'ensemble du travail que nous réalisons au sein de nos écoles élémentaires avec les enfants de six à dix, onze ans ?

Elle nous invite à frapper l'imagination de l'enfant afin d'éveiller ses intérêts. Qui suis-je ? Quelle est la tâche de l'Homme dans l'Univers ?

Telles semblent être les questions sur lesquelles s'étaye et se développe la proposition de Maria Montessori. En offrant à l'enfant une vision d'ensemble de l'Univers et globale de l'Homme, considéré dans toutes ses dimensions, nous aiderons l'intelligence de l'enfant à se développer pleinement car son intérêt pour toute chose s'éveillera, ses yeux s'ouvriront sur les liens qui existent entre les phénomènes qui ont conduit à la formation de l'Univers et de la Terre, à l'apparition de la Vie et de l'Homme, et Lui.

Nous ne sommes pas venus de rien ni de nulle part.

Chacun de nous porte en soi la Création du Monde et nous vivons le Temps comme Mémoire et comme Espérance.

Nous atteignons là une dimension d'universel et d'intemporel qui est à l'œuvre en chaque enfant, en chaque homme.

La première ébauche de ce livre fut réalisée en 1935 à Londres et c'est dix années plus tard, sur un tout autre continent, en Inde, que Maria Montessori fit aboutir ce travail, synthèse de ses diverses expériences.

Elle a toujours prétendu que la tâche de l'enfant était de construire l'Homme de demain. Elle nous en montre la voie.

Du chaos créateur à la naissance de l'Europe, tout un chemin que nous devons parcourir, re-parcourir.

Alors comment ne pas voir aussi dans ce récit de Maria Montessori, un chemin initiatique ?

Patricia SPINELLI-DÉLIVRÉ

Avant-propos

À partir de 1942 et jusqu'à la fin de la Seconde Guerre mondiale, Maria Montessori vit à Adyar, près de la ville indienne de Madras, en qualité d'exilée de guerre.

Dans ce superbe paysage de la côte de Coromandel, qui comporte toutefois les inconvénients du climat tropical, Maria Montessori – déjà âgée de plus de soixante-dix ans – est privée de la liberté et de la paix, elle qui avait tant fait pour la liberté et la paix entre les hommes.

La *Dottoressa* est désormais sensible aux sollicitations de cultures très éloignées de celles de l'Occident, ouverte aussi aux suggestions de doctrines philosophiques et religieuses fondées sur une spiritualité plus profonde. Elle est aussi « maternellement » sensible aux difficultés humaines et aux problèmes d'éducation de ces peuples (en Inde on l'appelait « la Mère »).

Au cours de son séjour forcé, pour fuir la mousson, il est accordé à Maria Montessori de séjourner de longs moments à Kodaikanal, dans la partie la plus méridionale de l'Inde, près de l'état de Kérala.

Aussi bien dans ce village (situé à quelques dizaines de kilomètres de Madurai, ancien centre de culture tamoul) qu'à Adyar (où se trouve le siège de la direction internationale de la Société théosophique), Maria Montessori anime des écoles fréquentées par des enfants et de jeunes adolescents locaux, mais aussi par les enfants d'officiers de l'armée ou de simples citoyens anglais en mission dans ce qui était alors une colonie de la couronne britannique.

Cela lui donne l'occasion d'observer des enfants des races, des cultures et des conditions sociales les plus diverses, qui vivent et grandissent côte à côte. En eux, elle reconnaît ces traits unitaires – essentiels et communs – qui à ses yeux identifient le « Fils de l'Homme ». L'amour qu'elle porte aux enfants, amplifié par ces nouvelles observations, conduit Maria Montessori à s'exprimer inlassablement pour que chacun apprenne à pénétrer les secrets de l'enfance.

Les découvertes qu'elle fera – principalement dans les écoles de Kodaikanal, chez des enfants âgés de plus de six ans qui tout en appartenant à des cultures différentes se sont rencontrés et soudés dans l'enthousiasme de pénétrer l'Univers – donnent à Maria Montessori la conscience du bien-fondé de sa grande vision du « Plan cosmique ». Selon celui-ci, chaque créature qui fait partie de la matière et de la vie – y compris l'homme – est mue par des raisons impénétrables et accomplit inconsciemment une tâche précise.

C'est justement à Kodaikanal que, en approfondissant son discours sur le plan et sur l'éducation cosmique commencé en Angleterre presque dix ans plus tôt, Maria Montessori tient son cycle de conférences d'où seront tirés entre autres *Éducation pour un monde nouveau* et *Comment éduquer le potentiel humain*. Dans les deux années qui vont suivre, les deux textes seront publiés en langue anglaise à Adyar par cette même Société théosophique qui avait déjà publié certains essais de Maria Montessori dès 1941.

Et c'est encore à Kodaikanal que Maria Montessori, mue par son amour pour l'Homme, prise par un nouvel enthousiasme, forte de sa science et d'une espérance ancienne, parle aussi, pour la première fois, de cette humanité qui se déchire dans le chaos qu'elle a elle-même créé.

Elle montre le chemin qui permet à tout un chacun d'apprendre à s'aimer mutuellement et à se reconnaître comme faisant partie du Plan cosmique, et à contribuer au développement des conditions qui rendent possible l'évolution pacifique de la société des hommes.

Elle parle « pour que chacun se fasse témoin de la naissance de l'Homme nouveau, un homme qui ne sera plus victime des événements, mais qui – grâce à la clarté de sa vision – sera capable de construire et de diriger l'avenir de la société humaine ».

Pour finir, il nous plaît de penser que ses pérégrinations sur tous les chemins du monde, les animosités et les préjugés qu'elle a suscités, comme l'incompréhension et l'indifférence vis-à-vis de son œuvre, eh bien tout cela aussi est une partie nécessaire du « Plan cosmique » que « l'apôtre de l'enfant » nous a appris à apercevoir à mi-chemin entre le Ciel et la Terre.

Camillo GRAZZINI

Introduction

Le présent ouvrage veut être la suite de *Éducation pour un monde nouveau* et se propose d'aider les éducateurs à comprendre les exigences de l'enfant de plus de six ans. Nous sommes persuadés qu'un (ou une) enfant de douze ans, doté(e) d'une intelligence moyenne et éduqué(e) dans une de nos écoles, en sait au moins autant qu'un lycéen, sans que ce résultat soit obtenu au prix de souffrances ou d'anomalies physiques ou intellectuelles. Au contraire, nos élèves sont fin prêts à se lancer dans l'aventure de la vie, habitués qu'ils sont à exercer librement leur volonté et leur esprit critique, guidés par l'imagination et l'enthousiasme. Seuls de tels élèves peuvent remplir pleinement leur devoir de citoyens dans une communauté civile.

Les quatre premiers chapitres traitent notamment de psychologie : ils décrivent la personnalité changeante de l'enfant qui se trouve face à l'éducateur et attirent l'attention sur la nécessité qui en découle de s'y adapter constamment. Le secret de la réussite consiste à savoir stimuler intelligemment l'imagination de l'enfant pour ensuite éveiller l'intérêt dans son esprit et y faire germer les graines qui y auront été semées par un matériel de travail attractif, composé de textes et d'images, toujours en relation avec une source d'inspiration centrale – le Plan cosmique, dans lequel tout élément, consciemment ou inconsciemment, contribue au grand Objectif de la Vie. On y explique aussi de quelle manière notre idée de l'évolution de la vie sur la terre a été modifiée par les récentes découvertes faites dans les domaines de la géologie et de la biologie, de telle sorte que l'élément moteur principal ne semble plus être le perfectionnement de l'individu, mais la collaboration entre les pulsions primaires naturelles.

Les huit chapitres suivants suggèrent une manière de révéler le Plan cosmique à l'enfant par le récit passionnant de l'histoire de la terre et de ses multiples transformations tout au long des ères, du temps où l'eau était l'instrument docile et le plus important de la Nature. Nous verrons aussi de quelle manière la terre et la mer ont lutté pour la suprématie, jusqu'au jour où fut atteint un équilibre suffisant entre les éléments pour que la Vie apparaisse et joue son rôle sur cette vaste scène. La création de la terre telle que nous la connaissons aujourd'hui est présentée à l'imagination de l'enfant grâce au support de tableaux et de schémas évocateurs. Parallèlement, on rappellera constamment la fonction que chaque élément – sous peine de sa propre disparition – doit remplir consciemment ou inconsciemment dans le grand ensemble de la Nature. Le récit se poursuit jusqu'à l'apparition de l'homme paléolithique lequel, à travers les outils qu'il façonne, laisse derrière lui des traces « vivantes » plutôt que les restes corporels d'une créature parmi tant d'autres. L'homme apporte dans la création l'élément nouveau de l'intelligence, et les enfants sont amenés à comprendre la grande accélération que subit l'évolution à partir de ce moment. Les enfants apprennent aussi à considérer avec respect le travail de ces pionniers qui ont affronté de dures épreuves pour atteindre des objectifs qui leur étaient inconnus, mais que nous, aujourd'hui, sommes en mesure de reconnaître. Les nomades comme les sédentaires ont contribué à former les premières communautés, puis, dans une alternance de guerres et de paix, à partager et à communiquer les plaisirs de la vie sociale.

À partir du chapitre 13, sont décrites brièvement certaines des premières grandes civilisations avec une attention particulière à leurs influences réciproques ; on y montre de quelle manière, petit à petit, la civilisation humaine s'est organisée en une unité, un peu comme dans le corps humain les organes se forment d'abord individuellement autour de centres d'intérêt distincts pour ensuite être intégrés à l'ensemble par les systèmes circulatoire et nerveux. De cette manière, guidé à travers certaines des époques les plus passionnantes de l'histoire du monde, l'enfant arrive à prendre conscience du fait que l'humanité a vécu une sorte de stade embryonnaire et que seulement aujourd'hui elle est sur le point de naître véritablement, consciente de son unité et de son rôle réel.

Les derniers chapitres reviennent sur des considérations d'ordre psychologique en insistant auprès des enseignants sur l'importance extrême – pour la nation et pour le monde – des tâches qui sont les leurs. Loin de servir une foi politique ou sociale, l'enseignant devrait travailler au service de l'être humain tout entier, pour qu'il soit en mesure d'exercer librement – faisant preuve d'autodiscipline – sa volonté et son esprit critique, sans se laisser fourvoyer par quelques préjudices ou craintes que ce soit.

1
L'enfant de six ans face au Plan cosmique

L'éducation d'un enfant âgé de six et douze ans ne s'inscrit pas dans la continuité directe de celle qui l'a précédée, même si elle doit se fonder sur ces mêmes bases. Sur le plan psychologique, un changement profond s'opère dans la personnalité de l'enfant : nous constatons que la nature en a fait une période apte à l'acquisition de la culture, comme la précédente l'avait été pour l'assimilation de l'environnement. Désormais, le développement de la conscience est considérable et celle-ci, si elle s'était éveillée auparavant, se tourne maintenant en particulier vers l'extérieur : l'intelligence devient extravertie et l'enfant demande plus que jamais le pourquoi des choses. Sachant que les connaissances sont imparties de manière optimale quand il existe un désir ardent d'apprendre, cette période est celle où peuvent être jetées les graines de toute chose, car l'esprit de l'enfant est comme une terre fertile prête à recevoir ce qui s'épanouira par la suite sous forme de culture. Dans le cas contraire, si à cette époque l'esprit de l'enfant est négligé ou frustré dans ses exigences, par la suite il deviendra artificiellement obtus et s'opposera à l'enseignement de toute notion. Si la graine est jetée trop tard, l'intérêt aura disparu ; à l'inverse, à l'âge de six ans toute sorte de culture est reçue avec enthousiasme, sachant que plus tard ces graines pourront germer et s'épanouir. À la question de savoir combien de graines faut-il semer, je réponds : « Le plus possible ! » En regardant autour de nous, au vu du développement de la civilisation au stade actuel de l'évolution, nous ne verrons pas de limites à ce qui doit être offert à l'enfant : étant donné qu'il trouvera devant lui un champ immense où choisir son activité, l'obstacle de l'ignorance ne devra pas l'entraver. Toutefois, il est évident que lui offrir la culture moderne de manière exhaustive est chose impossible, d'où la nécessité d'une méthode adaptée qui permette de lui présenter tous les facteurs de la culture ; non pas par des notions détaillées au sein d'un programme imposé, mais en développant chez l'enfant autant de centres d'intérêt que possible. Ces graines, reçues par son esprit à cette période, germeront plus tard au fur et à mesure que sa volonté se précisera en lui permettant de devenir un individu adapté à l'époque en expansion qui est la nôtre.

Un deuxième aspect de l'éducation de l'enfant de cet âge concerne son exploration de l'univers moral et son envie de distinguer le Bien du Mal. Désormais, l'enfant ne se contente plus d'absorber passivement les impressions, ni de constater des faits, car il souhaite comprendre seul. Avec le développement de son activité morale, il souhaite juger par lui-même et avec ses propres critères, sachant que ceux-ci seront souvent différents de ceux de ses enseignants. Rien n'est plus difficile qu'apprendre les valeurs morales à un enfant de cet âge : il riposte immédiatement à tout ce qui lui est dit, car il est devenu rebelle. Les mères se sentent souvent blessées de voir leur enfant devenir impertinent, malpoli et despotique, alors que jusque-là il débordait d'amour et de tendresse. Ces attitudes sont le fruit d'un changement intérieur profond. En réalité, la nature agit de manière parfaitement logique en suscitant chez l'enfant – parallèlement à son appétit de savoir – ce besoin d'indépendance intellectuelle, le désir de distinguer seul le Bien du Mal et une réaction vive contre toute volonté de lui imposer des limites avec une autorité arbitraire. Dans le domaine moral, l'enfant ressent désormais le besoin de sa propre lumière intérieure.

Une troisième donnée intéressante à observer chez l'enfant de six ans est son besoin de s'associer avec les autres, et non seulement pour des raisons de compagnie. Il aime s'associer aux autres dans un groupe où chacun joue un rôle spécifique : on choisit un chef et on lui obéit en formant un groupe uni. Il s'agit là d'une tendance naturelle grâce à laquelle l'humanité s'organise. Si au cours de cette période de vivacité intellectuelle et d'intérêt pour le social, toutes les possibilités de la culture sont offertes à l'enfant pour élargir sa conception et son idée du monde, cette capacité d'organisation va se former et se développer ; toute la lumière que l'enfant aura reçue dans son univers moral et les grands idéaux qu'il se sera forgés, pourront ainsi être utilisés plus tard dans le but de l'organisation sociale.

Cependant, rien n'a autant d'importance que le besoin de nourrir son intelligence affamée et d'offrir un vaste champ de connaissances à son exploration passionnée. S'atteler à la tâche sans méthode ne laisse aucune chance de réussite. Pourtant, nous avons découvert un secret grâce auquel la question peut être résolue, car l'enfant lui-même nous l'a révélé dans les premières années de sa vie. Pour lui, nous ne sommes pas des inconnus, ni il ne l'est pour nous ; de plus, en observant son comportement, nous avons appris quelques principes fondamentaux de psychologie. L'un d'entre eux nous dit que l'enfant doit apprendre grâce à sa propre activité, parfaitement libre de choisir ce dont il a besoin, sans que son choix soit mis en question. Dès lors, notre enseignement se limite à répondre aux besoins intellectuels de l'enfant, sans jamais les lui imposer. Ainsi qu'un tout jeune enfant est très remuant car il apprend à coordonner ses mouvements, de la même manière l'enfant plus âgé est très agité par sa curiosité de découvrir le pourquoi et le comment des choses, car grâce à cette activité intellectuelle il organise son intelligence. Il faut donc lui offrir un champ culturel suffisant pour lui permettre de satisfaire sa curiosité. La tâche de l'enseignant devient alors simple, car au lieu de choisir ce qu'il faut apprendre à son élève, il doit tout simplement lui proposer un choix aussi vaste que possible pour rassasier son appétit intellectuel. La liberté de choix de l'enfant doit être absolue : sur ces bases, il n'aura besoin de rien d'autre que d'expériences répétées, sachant que celles-ci, dans le processus d'acquisition d'une connaissance donnée, susciteront chez lui de plus en plus d'intérêt et d'attention.

L'enfant de six ans qui a fréquenté une maison des enfants est plus cultivé que celui n'ayant pu faire cette expérience. Il sait lire et écrire, s'intéresse aux mathématiques, aux sciences, à la géographie et à l'histoire, de telle sorte qu'il est alors facile de lui faire apprendre ce que l'on veut. L'enseignant se trouve face à un individu qui a déjà acquis les bases de la culture et a envie de construire sur celles-ci, en apprenant et comprenant plus en profondeur toutes les matières qui l'intéressent. Comme le chemin de l'enseignant devient clair ! On dirait presque qu'il n'a rien à faire ! Mais il n'en est rien : la tâche de l'enseignant n'est ni moindre ni facile. Pour satisfaire l'appétit intellectuel de l'enfant, il doit se préparer à aborder un grand nombre de domaines ; contrairement à un enseignant traditionnel, il n'est pas limité par un programme prédéfini, dans ses matières et sa durée. Il va de soi que dans ces conditions il est beaucoup plus difficile de répondre à la demande de l'enfant, car l'enseignant ne peut pas se retrancher derrière la frontière du programme ni celle des horaires. L'enseignant lui-même est tenu d'acquérir de bonnes connaissances dans chaque sujet, sachant que même dans ce cas il constatera rapidement qu'il peut percer la seule carapace extérieure du problème. Qu'il se rassure et reprenne du courage, car il ne sera pas laissé sans aide et sans le soutien d'une méthode étudiée, ayant fait ses preuves sur le plan scientifique.

Et du moment qu'il faut donner à l'enfant si généreusement, comme nous venons de le montrer, offrons-lui une vision de l'univers tout entier. L'univers recouvre une réalité imposante et contient la réponse à tous les questionnements. Nous marcherons ensemble sur ce chemin de la vie, car toutes les choses font partie de l'univers et sont reliées entre elles pour former un tout unique. Ce concept aide l'esprit de l'enfant à se fixer et à arrêter son errance en quête de connaissances. Il en sera satisfait parce qu'il aura enfin découvert le centre universel de soi-même et de toutes les choses.

Il est donc nécessaire de fixer l'intérêt de l'enfant autour d'un point central, sachant que les méthodes en usage actuellement n'atteignent pas cet objectif.

Comment l'esprit d'un individu en pleine croissance peut-il continuer à manifester de l'intérêt si l'ensemble de l'enseignement concerne un sujet particulier et poursuit un but limité, avec des enseignants qui se limitent à transmettre les quelques bribes de connaissances que l'élève est à même d'apprendre par cœur ? De quelle manière pouvons-nous forcer l'intérêt de l'enfant, du moment qu'il ne peut surgir que de l'intérieur ? De cette manière, nous n'obtiendrons que l'effort et l'accomplissement de la tâche, jamais l'intérêt ! Cela doit être bien clair.

Si l'idée de l'univers est présentée à l'enfant de manière adéquate, elle fera beaucoup plus qu'éveiller son intérêt : elle suscitera chez lui l'admiration et l'émerveillement, sentiments bien plus élevés et riches en satisfactions que le simple intérêt. La pensée de l'enfant cessera alors de vagabonder et pourra enfin se fixer, son intelligence se mettre au travail. Ses connaissances seront organisées et systématiques ; en lui offrant une vision d'ensemble, on aidera son intelligence à se développer pleinement, car son intérêt ira à toutes les choses, car toutes les choses sont reliées entre elles et trouvent leur place dans l'univers qui, lui, est au cœur de sa pensée. Les étoiles, la terre, les rochers et la vie sous toutes ses formes, s'organisent en un seul ensemble et entretiennent entre eux des relations étroites, si étroites et si intimes qu'il est impossible de comprendre la nature d'un rocher sans, par la même occasion, apprendre aussi quelque chose au sujet du soleil ! Quel que soit l'objet de notre intérêt, atome ou cellule, nous ne pouvons l'expliquer sans prendre en compte la connaissance de l'univers immense qui nous entoure. Quelle meilleure réponse pourrions-nous fournir à ces assoiffés de savoir ? On pourrait presque se demander si l'univers lui-même peut suffire... Comment s'est-il formé, va-t-il un jour prendre fin ? C'est ainsi que surgit une curiosité encore plus grande, impossible à rassasier, qui durera toute la vie. Les lois de l'univers peuvent être exposées de façon à intriguer l'enfant et à susciter son émerveillement, en l'intéressant même plus que les choses en elles-mêmes. L'enfant commence à se poser des questions : Qui suis-je ? Quel est le rôle de l'homme dans cet univers merveilleux ? Vivons-nous seulement pour nous-mêmes ou avons-nous une tâche plus élevée ? Pourquoi lutter et se battre ? Qu'est-ce que le Bien ? Qu'est-ce que le Mal ? Où tout cela va-t-il aboutir ?

Ce programme d'éducation cosmique comme fondement de la Méthode pour les classes supérieures fut exposé pour la première fois en Angleterre en 1935 et il est désormais certain qu'il s'agit là du seul chemin sur lequel nous pouvons avancer de manière fiable dans nos recherches pédagogiques à venir. S'il ne peut pas être appliqué à des élèves analphabètes ou totalement incultes, il est accueilli avec joie par les enfants qui y ont été préparés indirectement par une école Montessori. En réalité, le principe n'est pas nouveau, car, bien que délaissée aujourd'hui, l'idée de commencer par apprendre aux enfants la création du monde et la place de l'homme au sein de celui-ci a été adoptée spontanément partout où l'on s'est soucié d'éducation au sens strict du terme, chaque époque apportant les réponses proposées par sa philosophie ou sa religion. De nos jours, la réponse est à peu près toujours la même : « Dieu t'a envoyé sur la terre pour travailler et accomplir ton devoir. » Désormais, ce principe peut être mis en pratique selon un plan scientifique et susciter ainsi un intérêt encore plus vif.

2
Comment utiliser l'imagination

L'enfant de six ans qui sort d'une maison des enfants – pour lequel ce lieu a été notamment conçu – présente déjà un certain nombre d'intérêts culturels, montre une grande passion pour l'ordre et va jusqu'à aimer les mathématiques, grand écueil de la scolarité de bon nombre d'élèves. De plus, son esprit est capable de maîtriser des gestes minutieux et de les dicter à ses mains. En effet, les activités de manipulation du matériel exécutées dans les premières maisons des enfants ont été si largement applaudies, que nos expériences scientifiques ont été adoptées aussi par de très nombreuses écoles qui pratiquent par ailleurs des méthodes d'enseignement très différentes. Dans cette phase plus avancée, nous continuons à proposer aux enfants d'apprendre à travers le travail de la main, notamment dans les domaines de la mécanique et de la physique. Par exemple, nous leur apprenons les lois de la pression et de la tension en les invitant à construire un arc dont les pierres seront disposées de telle sorte que l'arc tiendra sans ciment. En construisant ponts, avions et chemins de fer (dont il faudra calculer la courbure) au cours de leurs activités scolaires courantes, les enfants se familiarisent avec la statique et la dynamique. Il va sans dire que notre méthode nécessite d'être appliquée dans de bonnes conditions et avec tout l'équipement nécessaire. À chaque fois que cela s'avère possible, des supports mécaniques en relation avec certains aspects de la vie quotidienne sont proposés aux enfants, de manière que ces derniers se préparent à vivre dans une civilisation entièrement fondée sur le travail des machines.

Séduites par cette partie de notre méthode, certaines écoles modernes, notamment aux États-Unis, en sont arrivées à proposer aux enfants, au cours de cette phase de leur développement intellectuel, de travailler exclusivement avec des machines spécialement conçues pour développer leur intelligence. Avec les machines, dans ces écoles est entré aussi un vent de liberté, car les enfants sont libres de choisir leur propre « travail », et sur ce point c'est une bonne chose. Par ailleurs, toutefois, tout ce qui ne peut pas être appris par ces moyens mécaniques est exclu de l'enseignement et considéré comme partie négligeable ou insignifiante. Il en va ainsi pour les mathématiques et autres matières abstraites que l'on estime dépasser les capacités de compréhension de l'enfant à travers une activité spontanée. Ces écoles fondées sur le travail pratique s'opposent à ce que l'on appelle les écoles « traditionnelles » où les matières théoriques sont enseignées par l'apprentissage de notions à retenir par cœur. En ce qui nous concerne, nous sommes en désaccord avec les unes comme avec les autres.

La personnalité est une et indivisible, et toutes les attitudes de l'esprit dépendent d'un seul et unique centre. C'est le secret que l'enfant lui-même nous a révélé en réussissant dans des domaines – y compris intellectuel et théorique – qui dépassaient souvent nos rêves et nos attentes, à condition que l'on ait permis à ses mains de travailler en parallèle avec son intelligence. Nous avons constaté que les enfants montrent un grand intérêt pour les matières abstraites quand ils y arrivent à travers une activité de la main. Ils avancent alors dans des domaines de la connaissance qui jusque-là étaient considérés hors de portée pour des enfants de leur âge, la grammaire et les mathématiques par exemple. Je me demande parfois comment a pu se former la théorie selon laquelle pour bien travailler de ses mains il faut avoir un esprit inculte et réciproquement qu'à un esprit cultivé correspond forcément la maladresse manuelle ! Doit-on en déduire qu'un homme doit être « classé » comme un travailleur de l'esprit *ou* comme un travailleur manuel, et de ce fait ne jamais pouvoir s'exprimer dans la plénitude de sa personnalité ? Comment peut-on imaginer qu'un développement unilatéral soit bénéfique pour la personnalité tout entière ? Aujourd'hui, lors de certains congrès, d'illustres personnages ayant consacré leur vie entière à la cause de l'éducation, s'entretiennent avec gravité sur ce qui serait préférable de la méthode pratique ou de la discipline intellectuelle. Dans notre expérience, les enfants eux-mêmes nous ont révélé que la discipline est le résultat exclusif d'un développement complet où l'activité intellectuelle est supportée par le travail de la main. Permettez aux deux de bien fonctionner ensemble et vous obtiendrez la discipline, pas autrement ! Les tribus, les groupes, les nations sont le résultat de ce type de discipline et d'association spontanées. La seule question qu'il faut se poser est celle du développement humain dans sa totalité ; lorsque l'on y parvient – quel que soit le cas de figure, qu'il s'agisse d'un enfant ou d'une nation – le reste suit spontanément de manière harmonieuse.

Persuadés, donc, que la personnalité tout entière de l'enfant doit être développée en commençant par trouver son centre dans l'idée cosmique, nous en arrivons à la question de savoir quand et comment cette idée doit être présentée. Les enfants les plus petits nous ont appris l'efficacité de l'approche indirecte, par exemple en nous adressant en leur présence à des enfants plus âgés (dans nos écoles, les âges sont mélangés dans une certaine mesure). Lorsque nous essayons d'expliquer quelque chose à leurs aînés, les petits se pressent autour du groupe, animés par un vif intérêt. Un intérêt qui, chez des enfants de six ans, s'est manifesté de manière particulièrement marquée autour d'un tableau illustrant les dimensions relatives du soleil et de la terre, représentés respectivement par un globe et par un point. Les enfants les plus jeunes étaient manifestement excités par leur nouvelle découverte et littéralement incapables de s'éloigner du tableau, tandis que les plus grands, à l'attention desquels la leçon avait été préparée, trouvaient la démonstration passablement insignifiante et avaient besoin d'autres choses pour faire preuve d'un intérêt comparable. Il existe une grande différence entre un enthousiasme de ce genre et la simple compréhension. Le point et la sphère avaient frappé l'imagination des plus petits et suscité chez eux un véritable enthousiasme pour une découverte qui dépassait les limites de leurs connaissances ; il s'agissait en effet de quelque chose qui n'appartenait pas à leur environnement physique et qui de ce fait ne pouvait pas être touché. Si cette illustration particulière avait laissé indifférents les enfants les plus âgés, cela ne signifie pas pour autant que rien n'a le pouvoir de frapper leur imagination avec la même intensité et de leur faire franchir les frontières de leur petit monde pour les faire pénétrer à pas de géants dans le domaine bien plus vaste de l'univers inconnu. Toutefois, à cette occasion, ils n'avaient pas été en mesure de saisir ces mystères et ces merveilles sans une aide extérieure. Notre tâche à nous consiste à accompagner l'enfant âgé de six à douze ans sur le chemin qui conduit vers des réalités plus élevées, que l'imagination seule peut saisir. La vision fantastique est totalement différente de la simple perception d'un objet car, contrairement à celle-ci, la première n'a pas de limites. L'imagination peut voyager dans l'espace infini comme dans le temps infini. Ainsi, nous pouvons remonter les ères et avoir une vision de la terre telle qu'elle devait se présenter à des époques reculées, avec toutes les créatures qui l'habitaient. Pour s'assurer que l'enfant a compris, il faut déceler s'il arrive à s'en faire une image et s'il a dépassé le stade de la simple compréhension.

La conscience de l'homme naît comme une boule flamboyante d'imagination. Tout ce que l'homme a inventé, matériel ou spirituel qu'il soit, est le fruit de son imagination. Dans l'étude de l'histoire et de la géographie, rien n'est possible sans l'aide précieuse de l'imagination. De même, si nous souhaitons faire connaître l'univers à l'enfant, rien mieux que l'imagination ne peut nous y aider. Je considère presque comme un crime le fait de présenter des sujets d'étude – qui pourraient tout à fait servir de support, noble et riche, à la faculté d'imaginer – en interdisant à l'enfant d'utiliser son imagination et en exigeant de lui qu'il apprenne par cœur ce dont on ne lui a pas permis de se faire une image. Ces mêmes sujets doivent être présentés à l'enfant de manière à frapper son imagination et à susciter son enthousiasme. Seulement par la suite, l'on en ajoutera d'autres.

Le secret pour réussir dans l'enseignement réside dans le fait de considérer l'intelligence de l'enfant comme un champ fertile où jeter des graines pour qu'elles germent sous le soleil de l'imagination. Il en découle que notre méthode ne se limite pas à vouloir faire comprendre les choses à l'enfant et encore moins à l'obliger à les mémoriser, mais qu'elle vise surtout à frapper son imagination pour susciter son enthousiasme le plus vif. Loin de souhaiter des élèves dociles, nous les voulons passionnés ; au lieu de chercher à semer des théories dans leurs têtes, nous voulons y planter la vie en aidant les enfants dans leur développement mental et affectif, et non seulement physique. C'est pourquoi nous nous devons de proposer des idées grandes et nobles à l'esprit humain qui, lui, est toujours prêt à les accueillir et à en demander encore et encore.

En règle générale, si les éducateurs reconnaissent facilement l'importance de l'imagination, ils souhaitent la cultiver à part, séparément de l'intelligence, au même titre qu'ils aimeraient séparer cette dernière du travail de la main par une sorte de vivisection de la personnalité humaine. À l'école, ils exigent que les enfants apprennent des notions arides, en laissant cultiver leur imaginaire par les seuls contes de fées, lesquels, s'ils parlent bien d'un monde merveilleux, n'ont rien à voir avec l'environnement des enfants. Bien sûr, ils contiennent des éléments très frappants, chargés comme ils le sont de drames et de malheurs, d'enfants qui meurent de faim, maltraités, abandonnés et trompés. De même que les adultes raffolent des drames et des tragédies, ces contes peuplés d'esprits et de monstres plaisent aux enfants et stimulent leur fantaisie, sans pour autant avoir un rapport quelconque avec la réalité.

À l'inverse, en proposant à l'enfant l'histoire de l'univers, nous lui permettons de construire avec son imagination un monde mille fois plus mystérieux et passionnant que celui des contes de fées. Si l'imaginaire ne se nourrit que de contes, au mieux, le plaisir que cela procure sera recherché plus tard dans la lecture de romans. Toutefois, jamais nous ne devrions en limiter ainsi l'éducation. Un esprit habitué à chercher le plaisir exclusivement dans les récits fantastiques, devient – lentement, mais inexorablement – paresseux et inapte à de plus nobles occupations. Dans la vie sociale, nous ne trouvons que trop d'exemples de cette paresse intellectuelle chez des personnes qui ont pour seule préoccupation de bien s'habiller, de faire des commérages et d'aller au cinéma. L'intelligence de ces personnes est irrémédiablement confinée derrière des barreaux impossibles à ouvrir ; leurs intérêts sont de plus en plus limités et exclusivement centrés sur leur petit ego, indifférentes qu'elles sont aux merveilles du monde, insouciantes des souffrances de l'humanité. C'est vraiment comme mourir tout en restant en vie.

3
La nouvelle psychologie de l'inconscient

Depuis le début du XXe siècle, les études de psychologie ont fait l'objet d'un changement profond. À ce propos, ce qui me paraît important de noter est le conflit que ces nouveaux psychologues affichent avec les méthodes pédagogiques officielles, sans pour autant être capables de pousser les écoles à suivre de nouvelles directives. Toutefois, cette nouvelle tendance trouve son expression dans les écoles Montessori, dans la mesure où celles-ci sont en rupture avec les anciennes théories psychologiques tant sur le plan de leur pratique que sur celui de leur organisation. La psychologie moderne est parfaitement en phase avec notre méthode car, si les anciennes théories se fondaient sur l'observation de faits superficiels de la conscience, les nouvelles cherchent à sonder l'inconscient et à en analyser les secrets, dans le but de mettre à nu la relation entre la réalité et la pensée.

Les psychologues d'autrefois distinguaient nettement la réalité de la vie des facteurs psychologiques, en y voyant deux pôles bien distincts. Aujourd'hui, les explorateurs de l'inconscient ont découvert que l'étude de celui-ci peut se placer sur le même plan que l'étude des facteurs biologiques et que, de plus, l'esprit constitue une unité, un tout indivisible qui ne peut être partagé en facultés mentales distinctes comme la mémoire, la raison, l'attention et l'association d'idées, à éduquer séparément en tant que telles. Traditionnellement, l'éducation avait pour but principal de stimuler et « entraîner » séparément l'attention – c'est-à-dire la capacité de raisonner pour saisir ce que l'on nous apprend – et la volonté, c'est-à-dire l'effort volontaire d'apprendre. L'intelligence, considérée comme supérieure aux purs instincts vitaux, devait être éduquée et dirigée par une intervention extérieure.

Aujourd'hui, l'intelligence est conçue non pas comme un ensemble de facultés mentales séparées, mais comme un tout uni et soudé de manière indissociable à la personnalité tout entière. C'est sur ce plan que la psychologie moderne apparaît comme complémentaire de notre méthode éducative.

En accord avec ces nouvelles théories, nous nous occupons de trois facteurs intellectuels principaux, dont le premier est l'élément vital, partie intégrante de la vie elle-même. Ledit élément a le pouvoir de garder une trace de toutes les expériences passées de l'individu, et est propre à toutes les créatures du vivant sans être l'apanage des êtres humains. Pour que la vie s'enrichisse, les expériences doivent laisser cette trace et la mémoire pouvoir jouer son rôle de rappel. Toutefois, force est de constater les limites de la mémoire consciente et la mesure dans laquelle ses impressions sont voilées et imprécises. La psychologie moderne affirme toutefois que l'inconscient – ou subconscient – garde la mémoire de toute chose ; ainsi, la mémoire nous apparaît désormais comme un vaste mystère qui nécessite une étude approfondie pour être éclairci .

Cette mémoire inconsciente fait preuve d'une merveilleuse mobilité et garde une trace de tout événement, même si l'individu n'en a pas conscience. Il existe donc une mémoire liée à l'espèce, qui permet aux êtres vivants de se reproduire et de transmettre des attitudes particulières aux générations à venir. Grâce à celle-ci, par exemple, les oiseaux sont à même de construire leurs nids selon le mode qui est particulier à leur espèce. Cette mémoire supérieure est dite *mnèmè* (N.d.T.).

La *mnèmè* permet à l'enfant de reconnaître inconsciemment les sons du langage humain et de les retenir en vue de les reproduire. Seule une petite partie de la *mnèmè* dépasse les frontières de la conscience, ce que nous appelons « mémoire ». La *mnèmè* garde le souvenir de toutes les expériences de la vie d'un homme et non seulement de la partie infinitésimale de celles-ci qui perce notre niveau de conscience.

Si vous souhaitez faire une expérience psychologique simple et à la portée de tout le monde, demandez à quelqu'un d'apprendre par cœur une liste de syllabes et de répéter l'exercice quelques jours plus tard. La personne aura sans doute oublié les syllabes, mais elle saura les mémoriser beaucoup plus rapidement la deuxième fois, car elles auront été retenues au niveau de la *mnèmè*. En effet, la « mnémé » ne consiste pas tant en une accumulation de souvenirs qu'en la faculté de rappeler à la mémoire consciente les expériences que celle-ci aura oubliées. Un homme cultivé peut tout à fait ne plus se souvenir d'un certain nombre de choses

(N.d.T.) L'auteur utilise le mot grec *mnémé* – entre guillemets dans le texte original – pour indiquer une mémoire qui serait à la fois génétique et très personnelle à l'individu.

apprises pendant ses études, mais il fera preuve d'une intelligence et de facilités particulières à apprendre certaines matières, car elles auront été conservées au niveau de la « mnémé ». On en déduit que ce qui revigore l'intelligence ne sont pas tant les expériences en elles-mêmes, que les traces qu'en garde la « mnémé ». Ces traces s'appellent « engrammes ».

L'inconscient est rempli de ces engrammes sachant que l'intelligence se développe bien davantage grâce à leur action qu'à celle de la mémoire consciente. Dans nos écoles – où l'on tient compte de cela – les capacités intellectuelles de l'enfant s'en trouvent considérablement amplifiées, contrairement à ce qui arrive dans les écoles traditionnelles où le seul objectif poursuivi est d'accumuler des notions au niveau de la mémoire consciente, sans offrir à l'enfant la moindre occasion d'enrichir ses engrammes par le biais d'expériences diverses et répétées.

Autre facteur vital de l'intelligence, l'impulsion à agir dans un but précis participe pleinement de « l'élan vital » (N.d.T.). Le philosophe Henri Bergson définit ainsi l'impulsion vitale qui pousse toute créature du vivant à réaliser des expériences en vue d'enrichir ses engrammes. Cette même force conduit les enfants de nos écoles à travailler spontanément et à répéter la même expérience jusqu'à être parfaitement satisfaits de son résultat. Parfois, on appelle cela « volonté de vivre » et si dans le cas des être humains on classe cela parmi les facteurs psychiques conscients, chez les autres créatures du vivant on le considère comme un facteur biologique

(N.d.T.) En français dans le texte.

et inconscient. Toute forme de vie partage ce même « élan vital » et lorsque celui-ci perce le niveau conscient de la pensée il prend la forme d'une attitude volontaire : c'est justement la « volonté ». Quant à l'impulsion vitale inconsciente – appelée *hormè* (N.d.T.) par les psychologues modernes –, elle a un champ d'action infiniment plus vaste que la volonté consciente, au même titre que la « mnémé » couvre un domaine plus étendu que celui de la mémoire. Ainsi, les être humains peuvent agir sous l'emprise de l'*hormè* sans que la volonté n'ait été consciemment mise en action, sous hypnose par exemple. On comprend bien que ces faits génèrent un sentiment d'inquiétude car l'humanité se trouve là face à des forces inconnues dont elle est incapable de se défendre avec efficacité. Les interrelations des différents processus intellectuels constituent un chapitre de tout premier plan dans la psychologie humaine : il arrive souvent que les hommes se révèlent parfaitement incapables de donner la raison de certains de leurs actes. Certaines des actions des enfants – notamment celles susceptibles d'entraîner des conséquences dangereuses – sont de cet ordre ; afin que la jeune génération grandisse mieux protégée de ce type de dangers, après les avoir clairement identifiés, il faut – dès le plus jeune âge – exercer et développer la volonté consciente de la manière la plus adéquate, comme prévoit la méthode pédagogique Montessori.

Le troisième facteur important dans ce labyrinthe de la pensée inconsciente est constitué par ce que l'on avait l'habitude d'appeler l'« association d'idées », c'est-à-

---

(N.d.T.) Mot introuvable aussi bien en italien qu'en français. En italique dans le texte original.

dire la formation de séquences de pensées. Toutes les méthodes pédagogiques se fondent notamment sur ce principe : autour d'une idée initiale donnée, viennent se regrouper un certain nombre d'autres idées en harmonie ou en opposition avec celle de départ. Or, les psychologues modernes n'attribuent à ce facteur qu'une importance secondaire. En effet, ils considèrent que son action n'est que superficielle, persuadés qu'ils sont que l'importance des idées est moindre par rapport à celle des engrammes qui, eux, s'associent et se regroupent spontanément dans l'inconscient chaque fois que l'intérêt du sujet se focalise sur un point précis. Spontanée, donc, l'association des engrammes agit beaucoup plus efficacement, tant par son intensité que par sa durée, que n'importe quel enchaînement d'idées provoqué par l'extérieur. Prenons par exemple un étudiant en mathématiques qui réfléchit des heures durant à la solution d'un problème, jusqu'à ce qu'il décide de faire un break avec une sieste : à son réveil il trouvera facilement la solution. Sa réussite serait-elle due au repos qui lui permet de mieux penser et de mieux comprendre qu'en étant fatigué ? Il ne s'agit pas de cela, mais plutôt du fait que dès son réveil il prend conscience que la solution du problème est *déjà* dans sa tête, comme si la solution elle-même l'avait forcé à se réveiller pour en prendre note. La seule explication possible est que les engrammes, eux, n'ont pas « dormi », mais ont continué à s'associer en terminant le travail et en obligeant la conscience à en prendre acte.

Ainsi, nous pouvons affirmer que chaque être humain accomplit son travail le plus intelligent dans l'inconscient, là où les engrammes bâtissent des complexes psychiques. Ceux-ci font beaucoup plus que créer des associations d'idées : ils s'organisent de manière à exécuter un travail que nous serions incapables de faire à un niveau conscient. Ce sont par exemple les complexes psychiques qui permettent à l'écrivain de trouver de belles idées, nouvelles pour sa pensée consciente et le plus souvent attribuées à une vague idée d'inspiration. Le travail de ces complexes est d'une importance capitale dans l'éducation.

Grâce à ces découvertes, nous sommes aujourd'hui persuadés que loin d'être obligé de peiner pour apprendre par cœur les matières les plus importantes, il faut plutôt les étudier sans s'échiner et les « mettre de côté » un temps sans les oublier totalement, pour permettre aux engrammes de se regrouper et de s'organiser. C'est exactement ce qui est mis en œuvre dans les écoles Montessori où ce que l'observation des enfants nous a révélé des processus intellectuels a anticipé les résultats de ces recherches en psychologie. Il arrive souvent de voir certains des enfants se mettre à marcher seuls pendant que les autres travaillent encore, car tout de suite après avoir appris quelque chose ils ressentent le besoin d'un temps de silence. Quand ils reviennent dans la classe, ils font preuve d'une meilleure compréhension, de la même manière qu'à la rentrée scolaire un enfant se découvre capable de comprendre des choses que son esprit trouvait obscures quelques semaines à peine auparavant. Vu sous cet angle, qu'il semble futile et même nuisible de s'échiner pour les examens !

Tout en étant très heureux de nous trouver autant de points en commun avec les psychologues modernes dont l'œuvre semble si complémentaire de la nôtre, il nous faut toutefois reconnaître que nous sommes en désaccord sur un point important. Jusqu'à présent, ces psychologues ne sont pas arrivés à appliquer leurs théories aux questions pédagogiques et sont persuadés que cela sera possible seulement pour les générations futures. À l'inverse, nous sommes intimement convaincus que dans des conditions favorables elles sont applicables dès aujourd'hui. Ces études psychologiques ont été menées en dehors du cadre scolaire, leurs conclusions ont été tirées de l'observation d'individus adultes et de sondages expérimentaux de l'inconscient ; par conséquent, les psychologues qui s'attendaient à voir les enfants réagir d'une manière donnée ont été déçus des résultats. En ce qui nous concerne, nous avons appris que la psychologie de l'enfant n'a rien à voir avec celle de l'adulte car pour le premier la condition essentielle est la liberté d'action dans un environnement spécialement conçu, où il se sente libre de développer ses activités avec intelligence. Tant que les enseignants imposeront leurs propres conclusions aux enfants, pour solide que leur préparation psychologique puisse être, ils n'atteindront jamais le résultat espéré, c'est-à-dire susciter l'intérêt et le travail spontané chez l'enfant. Ainsi, selon les théories de la psychanalyse, ces derniers temps il a été souvent question de sublimation des instincts et l'on a cherché à obtenir cela en cultivant les sentiments et les liens affectifs ; toutefois, la réaction des enfants dans les écoles n'a pas été convaincante par rapport aux efforts déployés. Les psychologues fondent leurs théories sur le comportement animal et sur celui d'individus adultes : en partant de là, ils avancent vers une réforme de l'éducation, ce qui fait qu'à un moment donné nos routes finiront par se croiser. Contrairement à eux, nous procédons en partant de l'enfant lui-même. Si eux sont à la recherche d'une méthode pédagogique en accord avec leurs théories et découvertes, nous, nous recherchons une théorie psychologique qui étaye notre méthode.

En guise d'exemple de ladite sublimation des instincts, un écrivain contemporain a dit à juste titre que la science actuelle est un monument à la curiosité sublimée. Cette affirmation nous trouve parfaitement d'accord car nous avons prouvé que l'enfant peut acquérir un grand intérêt pour la science et pour toutes ses merveilles, si seulement lui est donnée une vision précise des origines de la vie et de son évolution jusqu'à nos jours. Ce qui nous semble évident est que chez l'enfant l'instinct de la curiosité est sublimé par ces intérêts supérieurs, mais aussi que cela se vérifie seulement si lesdits sujets lui sont présentés dès un âge bien plus précoce que celui que les psychologues estiment envisageable. L'enfant nous a appris qu'au cours de cette phase initiale il est naturellement doté d'une sensibilité et d'une curiosité bien plus vives que celles dont il fera preuve plus tard, quand il sera en mesure d'étudier scientifiquement et avec précision, à la seule condition d'avoir déjà été sensibilisé à ces grands sujets. Dans cette phase ultérieure, l'enfant ne se limitera pas à faire preuve de curiosité, mais il montrera un très vif intérêt et un enthousiasme qui seront enracinés dans son émotionnel.

L'enfant devrait pouvoir aimer toutes les matières qu'il a à étudier, car son développement intellectuel va de pair avec son développement affectif. Tout ce qui lui est offert doit être présenté sous un jour clair et beau, de manière à frapper son imagination. Une fois que cet amour aura été suscité, toute difficulté relative à l'éducation s'évanouira. Le grand poète italien Dante Alighieri évoque la « *suprême sagesse et l'amour souverain* », pour dire que « le savoir suprême coïncide d'abord avec l'amour ». Pour sublimer une âme, il faut atteindre cet état de parfait amour que l'on appelle « amour intellectuel » pour le distinguer de celui que l'on porte aux êtres. Les enfants sont tout à fait à même d'aimer des matières abstraites comme les mathématiques, et ils les aiment : il en découle que l'amour pour le travail intellectuel existe bel et bien, et que ce dont rêvent les psychologues pour l'avenir a déjà été réalisé.

Certains espèrent que le jour où l'on arrivera à susciter chez les enfants ce sentiment d'amour pour les matières d'étude, les hommes deviendront plus humains et cesseront enfin les horreurs de la guerre. Mais l'amour pour la science et pour l'art, comme pour tout ce que l'humanité a créé, ne suffira pas à faire germer l'amour mutuel entre les hommes. Aimer un beau coucher de soleil ou observer avec émerveillement la vie d'un insecte, ne réveille pas nécessairement un plus grand sentiment d'amour pour l'humanité, ni l'amour pour l'art ne suscite chez l'homme l'amour pour son prochain. Ce qui est nécessaire avant toute chose, est que dès ses premières années l'individu soit mis en relation avec l'humanité. Aujourd'hui, dans nos cœurs il n'y a pas de place pour l'amour de nos semblables, bien que de ceux-là mêmes nous ayons reçu et continuions de recevoir tant de choses, sous forme de nourriture, de vêtements et d'inventions diverses dont nous pouvons bénéficier. Nous acceptons et nous jouissons de ce qui est fait pour nous sans gratitude aucune, comme des athées niant à Dieu gratitude et amour. Peut-être apprenons-nous à nos enfants à prier et à remercier Dieu, mais nous ne leur apprenons pas à remercier l'humanité qui demeure l'« agent » le plus important de la création divine. Jamais nous n'adressons nos pensées aux hommes et aux femmes qui chaque jour donnent leur vie pour enrichir la nôtre. L'enfant retirera d'autant plus de plaisir de l'apprentissage de ces matières – et il les apprendra plus facilement – qu'il aura conscience de la manière dont nous en sommes arrivés a les étudier, sachant par exemple *qui*, en premier, les a étudiées. Nous savons lire et écrire : on pourra alors apprendre à l'enfant quel peuple en premier a inventé l'écriture et les instruments grâce auxquels il a été possible de le faire, de quelle manière les hommes en sont arrivés à l'imprimerie et comment les livres ont fini par devenir si nombreux. Chaque conquête, nous la devons à quelqu'un qui aujourd'hui a disparu. Chaque carte géographique nous parle avec éloquence de l'œuvre des explorateurs et des pionniers qui ont su affronter épreuves et difficultés de toutes sortes pour découvrir de nouvelles terres, des fleuves et des lacs, pour rendre plus grand et plus riche le monde dans lequel nous vivons.

Dans l'éducation des enfants, attirer leur attention sur la cohorte d'hommes et de femmes que la célébrité ne couronne jamais, signifie alimenter chez eux l'amour pour l'humanité et non pas ce sentiment vague et anémique que l'on affuble aujourd'hui du nom de fraternité, ni le sentiment politique selon lequel les classes de travailleurs devraient être rédimées et élevées. Ce qui est surtout nécessaire n'est point une attitude paternaliste et charitable à l'égard de l'humanité, mais la conscience respectueuse de sa dignité et de l'importance de celle-ci. Ce sentiment de dignité devrait être cultivé religieusement et trouver place au plus profond de nous tous. Car il ne devrait pas être nécessaire de rappeler qu'il n'est donné à personne d'aimer Dieu en étant indifférent à son prochain.

4
L'univers présenté à l'imagination de l'enfant

Pour que les enfants s'intéressent à l'univers, mieux vaut éviter de commencer par leur apprendre des données élémentaires comme par exemple en expliquer le mécanisme. À l'inverse, il est préférable de les familiariser avec des notions plus élevées, de nature philosophique, en prenant le soin de les exposer d'une manière adéquate et adaptée à la psychologie de l'enfant. Dans ce cas particulier, les contes et mythes s'avèrent utiles, si toutefois ils sont choisis pour leur symbolique des vérités naturelles, en écartant les récits purement fantastiques.

Par exemple, nous pourrions commencer par décrire la terre avec ses trois enveloppes – solide, liquide et gazeuse – auxquelles s'ajoute la quatrième qui comprend la vie, qui occupe la totalité de l'atmosphère extérieure et pénètre aussi les trois premières enveloppes elles-mêmes. Parfois, on appelle cela « biosphère », ou sphère de la vie, sachant que celle-ci fait partie de la terre tout aussi intimement que la fourrure de l'animal qu'elle recouvre ; il ne s'agit donc pas d'un élément extérieur, « tombé » sur terre en provenance d'un ailleurs quelconque. Par conséquent, faisant partie intégrante de la terre comme la fourrure de l'animal auquel elle appartient, sa fonction est de grandir avec elle, pour elle-même d'une part, mais aussi pour la conservation et l'évolution de la terre en tant que telle, d'autre part. La vie est une des forces créatrices du monde, une énergie dotée de lois spécifiques étudiées par la biologie, au même titre que les transformations physiques et chimiques sont régulées par des lois qui leur sont propres et particulières. Nous avons déjà vu de quelle manière tout être vivant porte en lui une tendance à l'activité qui se conjugue avec sa capacité de percevoir des impressions et de les mémoriser. Ces forces – comme nous l'enseigne la psychologie – bâtissent quelque chose de nouveau pour l'esprit et constituent, en leur qualité d'énergies fondamentales, les forces de vie les plus importantes. L'impulsion à l'activité entraîne l'expérience, sachant que les résultats de celle-ci seront retenus par l'organisme grâce à l'activité du cerveau. Chez les hommes comme chez les animaux, « mnémé » et *hormè* travaillent dans leurs domaines spécifiques, physique et intellectuel respectivement ; l'être vivant, tout en travaillant à sa propre conservation, est conduit par ses activités à se perfectionner au fil des expériences. Ce processus de perfectionnement constitue ce que l'on appelle l'évolution.

Tout comme la fourrure de l'animal croît et change avec la croissance de l'animal, au même titre que les plumes de l'oiseau deviennent plus belles par leurs formes et couleurs au fur et à mesure que l'animal atteint sa maturité, de la même manière la vie subit des changements en fonction de l'évolution de la terre. Sans que le but de la vie coïncide avec l'aspiration à la perfection en elle-même, en tant que partie prenante de la création, la vie joue son rôle dans la transformation du monde, sachant que ses changements sont davantage en relation avec les exigences de la terre qu'avec une tendance abstraite vers un perfectionnement individuel.

La vie est un agent cosmique. Comment présenter cette vérité à l'enfant de manière à frapper son imagination ? Souvent l'enfant est d'abord frappé par le gigantisme des dimensions et dans ce sens il est facile de le fasciner en lui présentant la fabuleuse diffusion et les aspects grandioses de la vie sur terre, dès qu'il est en mesure de comprendre les chiffres. Pour commencer, on peut lui communiquer ceux de la population humaine dans chaque pays, des chiffres relativement faciles à obtenir. Ensuite, l'on peut aborder la vie dans les profondeurs des océans, laquelle vie – par le nombre incommensurable de ses habitants – n'est purement et simplement pas chiffrable. Commençons par les baleines, ces impressionnants géants des mers qui en toute logique, au vu de leur taille, sont bien moins nombreuses que de plus petites créatures. Les baleines, donc, qui vivent en bancs dans les mers du Nord, à la saison froide migrent vers des régions plus tempérées du globe où elles rejoignent d'autres groupes d'animaux comme les cachalots qui arrivent de l'Antarctique. Les animaux de ces bancs se comptent alors non pas par centaines, mais par centaines de milliers. À partir de cette image, on commence à se faire une idée de l'immensité du monde vivant dans les océans, sachant que celui-ci comprend une multitude de bancs de poissons et d'animaux de plus petite taille. Les chiffres vont nous aider à mieux percevoir ce tableau fantastique, et si ces chiffres ne peuvent pas être exacts, nous pouvons au moins évoquer l'étendue des zones de mer couvertes de poissons lorsqu'en certaines saisons ceux-ci sont repoussés à la surface de l'eau. Il est connu qu'à ces époques, les poissons peuvent couvrir des aires qui s'étendent sur quatre-vingts à cent kilomètres carrés environ, sans oublier que ce phénomène est le fait des quelques spécimen seulement qui remontent à la surface, dérangés par un événement quelconque survenu au fond de l'océan. Plus tard, quand nous découvrirons que dans des régions relativement petites sont nécessaires jusqu'à dix mille bateaux pour rapporter le produit annuel de la pêche, ou encore que dans la seule Europe la vente d'une seule espèce de poisson, le merlan, s'élève à quarante millions d'unités par an, nous commencerons alors à nous faire une petite idée des dimensions impressionnantes de la vie sous-marine. Continuons en observant le mode de reproduction de ces animaux : le hareng dépose environ soixante-dix mille œufs à la fois, tandis que le merlan en dépose un million deux fois par an, généralement pendant dix ans.

Sachant que les enfants adorent travailler sur ces chiffres impressionnants, on pourra ensuite poursuivre en leur disant que les poissons appartiennent à ce que l'on peut appeler l'« aristocratie » de la vie sous-marine et que les espèces inférieures sont encore plus prolifiques, au point même que les chiffres les plus insensés ne sauraient en rendre compte. Nous savons aussi que les méduses remontent à la surface si nombreuses parfois, que le plus rapide des paquebots peut employer jusqu'à trois jours pour traverser la zone qu'elles occupent. Ces énormes bancs de méduses se nourrissent de créatures bien plus petites et nombreuses qu'elles attrapent avec leurs tentacules, et qui semblent être d'un nombre infini. Songez seulement au nombre incalculable de ces animaux microscopiques qui aux tropiques éclairent des kilomètres et des kilomètres de mer en rivalisant avec les étoiles des nuits les plus claires. Au microscope, en une seule goutte d'eau, l'on distingue des centaines de minuscules êtres vivants : quel pourrait donc bien être leur nombre dans l'immensité de l'océan ? Il a été calculé que l'une des plus petites de ces créatures marines peut produire un million d'individus identiques à elle-même en un laps de temps de dix jours ; il s'ensuit qu'au bout de vingt jours le nombre d'individus s'élève à un million de millions, tous nés d'une créature microscopique, ce qui fait aussi un million puissance trois au bout d'un mois !

Les chercheurs ont fait des découvertes analogues concernant la vie animale et végétale sur terre. En Afrique centrale, le grand explorateur Livingstone calcula que l'un des troupeaux d'antilopes qu'il avait eu l'occasion d'observer devait compter environ quarante mille têtes. On sait aussi de cette nuée de pigeons si nombreux qu'ils obscurcirent la clarté du soleil, ou de ces oiseaux marins d'Amérique du Sud dont les excréments, accumulés en quantité sur les rochers – le « guano » – sont devenus un matériau prisé dans le commerce. Dans de nombreux pays les essaims de sauterelles sont un véritable fléau : en volant en rase motte sur un champ de blé elles détruisent le moindre épi et sèment la pénurie. Dans la vie végétale, les chiffres sont encore moins faciles à calculer : il existe des forêts dont le sous-bois est si dense et impénétrable que même les animaux en quête de nourriture se voient contraints d'emprunter le sommet des arbres.

La vie est une aventure dont le chemin est barré de mille embûches, dans la mer, dans les airs et sur la terre. Dans la mer, les animaux de plus petite taille risquent constamment l'extermination à cause de la voracité des plus gros, sachant que ceux-ci à leur tour font figure de proie par rapport à d'autres espèces. Sur la terre, outre ces mêmes dangers, il existe aussi celui de la famine, des alluvions, des éruptions volcaniques, des épidémies, etc., qui mettent la vie en danger. Toutefois, aucun de ces fléaux n'est aussi terrible et dévastateur qu'un éventuel manque d'air ou d'eau : toute forme de vie serait alors anéantie d'un seul coup. Si l'instinct de conservation permet aux animaux de se défendre de tous les autres dangers en veillant à la survie d'un nombre suffisant d'individus pour préserver l'espèce, face au manque de ces éléments vitaux aucune créature ne serait en mesure de survivre. On entend parfois des personnes s'inquiéter du refroidissement de la planète ou de son éventuelle collision avec une météorite ou autre corps céleste. Ce ne sont que des risques lointains, décidément secondaires par rapport à la possibilité de l'épuisement de l'eau et de la pollution de l'air.

Il semblerait que dès les origines les plus lointaines de la vie sur terre – au cours des grandes transformations qui ont vu submerger des continents entiers et l'équilibre de la planète changer considérablement selon les ères – ces deux éléments sont restés constants et invariables dans leur pureté et dans l'essence de leur nature, même si ce n'était pas nécessairement sous la forme que nous leur connaissons aujourd'hui. Cette pureté doit être protégée. Mais en quoi consiste donc cette pureté ? L'eau est le résultat de la composition de plusieurs éléments parmi lesquels une petite quantité d'un type particulier de sel, dans une proportion de sept parts sur cent mille. Si cette quantité infime et inoffensive devait atteindre les quarante parts sur cent mille, aucune forme de vie ne pourrait subsister sur la terre. Comment se fait-il alors que la mer ne se charge jamais trop de ce poison – le carbonate de calcium – sachant que les fleuves en apportent continuellement d'énormes quantités aux océans ?

De la même manière, l'air contient une infime partie d'un gaz toxique – le gaz carbonique – qui aurait aussi des conséquences mortelles si d'autres facteurs ne venaient pas constamment en limiter les proportions. Comment pouvons-nous être certains d'avoir toujours la quantité nécessaire du type d'air qui convient à notre respiration, quand nous savons que toute plante ou animal émet ce gaz en respirant et que chaque corps en produit lorsqu'il se décompose, en polluant ainsi l'atmosphère ? L'atmosphère, elle, a une épaisseur de quelques kilomètres à peine et est bien plus légère que ce gaz mortel qui en occupe les couches inférieures ; de ce fait, sa menace semblerait encore plus difficile à déjouer. En ce qui nous concerne, ce danger ne nous angoisse pas, et je dirais même qu'il ne nous inquiète pas, certains que nous sommes de la protection de Dieu. En réalité, en accordant sa protection à toutes ses créatures, Il œuvre à travers ses agents, et c'est à ces agents que nous devons notre gratitude en nous efforçant de reconnaître le rôle qui est le leur, pour apprendre nous-mêmes à mettre en œuvre avec d'autant plus d'efficacité notre part de travail dans le Plan cosmique. La fierté de notre civilisation et les formidables résultats atteints au fil de l'évolution ont été rendus possibles par l'abnégation de ces humbles bienfaiteurs dont nous ignorons l'œuvre, notamment l'œuvre de ceux qui n'ont de cesse de purifier l'air et l'eau, si indispensables à un si grand nombre de nos besoins vitaux.

5
Le drame de l'océan

Loin d'avoir consisté en un acte unique et instantané de la part de Dieu, la création n'a cessé d'évoluer au fil du temps et reste inachevée encore de nos jours. Le Samedi de la Bible, jour du repos, n'est pas encore arrivé. Depuis le jour où les terres furent séparées des eaux et la terre sillonnée de cours d'eau pour la drainer, les fleuves ont apporté aux océans une quantité de matériaux calcaires suffisante à l'empoisonner en six mille ans, si rien ne s'y était opposé. Dès lors, terres et eaux se seraient unies à nouveau dans un chaos de fange. À l'inverse, quatre millions d'années se sont écoulés et rien de semblable n'est arrivé, car la catastrophe a pu être évitée grâce à l'activité de créatures qui ont fourni leur aide précieuse au moment où les lois de la nature inanimée ont commencé à se montrer défaillantes.

À l'époque où cette menace prit corps, vivaient dans les mers plusieurs espèces de trilobites. Formés de trois lobes, équipés de plusieurs pattes et de nombreuses autres appendices qui leur permettaient de nager, ces êtres avaient évolué dans des formes très complexes et mesuraient environ une trentaine de centimètres de long. Les céphalopodes – ce qui signifie textuellement

« avec les pieds sur la tête » – étaient d'autres habitants des mers de l'époque, le nautile étant le plus célèbre d'entre eux. Grâce à sa particularité d'ajouter sans cesse de nouvelles et de plus grandes loges à celle où il habitait et de toujours élire domicile dans la plus spacieuse et proche de l'extérieur – symbole même de l'évolution – le nautile a inspiré le poète américain Oliver Wendell Holmes. En prenant l'animal en exemple, le poète semble s'enjoindre à lui-même :

> « Mon âme, bâtis-toi de plus fières maisons,
> Pendant que coulent les saisons !
> Laisse au passé sa voûte basse ;
> Fais un temple plus beau que celui qu'il remplace,
> Abrite-toi sous un dôme plus altier
> Jusqu'au jour où, enfin libérée
> De ton écaille devenue inutile
> Tu quitteras la mer agitée de la vie ! » (N.d.T.)

En effet, le nautile était un animal décidément très évolué, car il était doté d'un cerveau et d'un système nerveux. Jusqu'à cette époque, les habitants de la mer étaient parvenus à garder les eaux suffisamment pures pour que la vie subsiste ; pour ce faire, ils assimilaient les sels vénéneux en les transformant pour s'en nourrir et en utilisaient le calcium pour construire leurs coquilles et ossatures. Toutefois, à un moment donné, la situation est devenue critique et l'action de nouveaux agents s'est avérée nécessaire.

Ici, nous pourrions imaginer une sorte d'assemblée d'anges ou de dévas (N.d.T.) – selon la religion de

---

(N.d.T.) *In* Oliver Wendell Holmes, *The Autocrat of the Breakfast-Table*. Boston and New York, Houghton Mifflin Company. Vol. I : *The Chambered Nautilus*, vers 29-35.

(N.d.T.) Divinités du panthéon védique.

chacun ; un peu comme si les aînés des enfants de Dieu étaient venus diriger les forces naturelles, lancer un appel aux volontaires et solliciter toutes les créatures pour qu'elles apportent leur aide. Quel spectacle fabuleux a dû s'offrir à leurs yeux quand les crinoïdes ont fait leur apparition ! C'était un peu comme si le fond de la mer s'était transformé en une forêt d'arbres agitant leurs branchages bariolés comme bras en l'air, malgré l'absence totale du moindre souffle de vent. Imaginons les crinoïdes dire d'eux-mêmes : « Regardez-nous ! Nous ressemblons aux arbres, mais nos branches sont faites de pierres au creux desquelles nous glissons nos corps délicats, en les scellant ensemble comme des colonnes. Nous pouvons étendre nos branches comme des bras pour nous emparer du calcium à détruire. Ce sera notre nourriture et nous le garderons en nous-mêmes après notre mort, car nous l'aurons consommé et transformé. »

Vint aussi un grand nombre d'êtres plus humbles – loin des aristocratiques nautiles et crinoïdes – et leur message était le suivant : « Notre forme est bien plus simple, mais vous pouvez compter sur nous pour accomplir notre travail. » Les deux offres furent acceptées et ces soldats enrôlés pour aller se battre sur la ligne de front, à la lisière entre la terre et la mer. Les minuscules protozoaires faisaient preuve d'une soif si phénoménale qu'ils pouvaient engloutir d'incroyables quantités d'eau (proportionnellement, c'est comme si un homme buvait cinquante-six litres d'eau par seconde pendant toute sa vie, sans jamais s'arrêter). Ainsi, ils filtraient l'eau en la faisant passer à travers leur corps et en absorbaient les sels pour les transformer dans leur organisme. De plus, chacun d'entre eux pouvait se reproduire un million de fois tous les dix jours... De ce fait, ils constituaient une formidable armée de travailleurs qui en mourant laissaient choir leurs corps sous forme de particules de calcium solide qui allaient s'ajouter à la terre le long des côtes.

Le fait que ces formes simples de vie aient supplanté les plus complexes trilobites, n'est pas tout à fait en accord avec la conception traditionnelle de l'évolution. Toutefois, le Plan cosmique restait la chose la plus importante et ces créatures semblaient heureuses de le servir, insouciantes de leur propre évolution. Quant aux fiers trilobites, ils survécurent un temps en se déplaçant en masses élégantes, mais disparurent rapidement car ils n'avaient plus de raison d'être.

Les ères se succédaient et les terres continuaient d'émerger et de s'assécher. De nouveaux continents s'étaient formés et de nouveaux fleuves les drainaient en apportant vers la mer des quantités encore plus importantes de carbonate de calcium. Désormais, le travail des crinoïdes n'était plus suffisamment rapide pour conserver l'équilibre nécessaire. La crise fut résolue par une nouvelle demande de volontaires. Cette fois, ce fut le tour des polypes et des coraux : « Nous ressemblons aux pierres, mais contrairement à elles nous vivons et nous grandissons. Nous nous tiendrons très serrés les uns contre les autres sans cesser de boire, en nous multipliant et en construisant sans relâche. Nous sommes capables de bâtir des chaînes de montagnes sous-marines scellées entre elles par nos propres organismes. Nous disposons aussi d'un corps d'aviation qui sera chargé de transporter nos spores et d'aller les “semer” dans les régions les plus propices à notre colonisation. En contrepartie, nous avons besoin d'un milieu de vie favorable, loin des eaux agitées des embouchures des fleuves, et nous avons aussi besoin que la nourriture nous soit livrée, car nous ne pouvons aller la chercher nous-mêmes. »

Le tribunal de la nature approuva ces requêtes raisonnables et accepta leur offre. Les crinoïdes n'eurent plus qu'à agiter leurs bras en signe d'au revoir car leur mission était terminée. C'est ainsi que les coraux se chargèrent du travail important de garder l'équilibre nécessaire aux eaux des océans, sachant qu'ils le font depuis lors sans le moindre changement ou défaillance.

Mais qui pouvait-on utiliser pour apporter de la nourriture à ces ouvriers immobiles, obligés de rester sur place pour accomplir leur travail ? Il fallait bien quelqu'un pour remuer les eaux autour d'eux... Pour ce faire, les premiers à se présenter furent des poissons équipés de nageoires, cuirassés et très complexes, qui en cherchant de la nourriture remuaient justement les eaux, en apportant aux coraux ce dont ils avaient besoin. Plus tard, des poissons sans cuirasse, plus légers et rapides, vinrent rejoindre les premiers. Leur caractéristique était d'avoir une épine dorsale molle – par manque de calcium –, deux doubles faisceaux musculaires et deux nageoires caudales qui leur permettaient de se déplacer très rapidement. Une reproduction massive venait pallier leur petite taille et leur manque de défenses, sachant que chaque individu était à même de déposer jusqu'à un million d'œufs. Quant à l'alimentation, certaines espèces se nourrissaient d'autres espèces et tout le monde avait comme principale défense la rapidité de sa nage, en agitant ainsi les eaux environnantes autant que nécessaire. Est-il cruel de créer des êtres pour en faire des proies ? Certes, nous ne pouvons pas ignorer que le Plan cosmique compte un certain nombre de victimes, mais au même titre que les hommes offrent leur vie avec joie pour le bien-être de leur pays, de la même manière les animaux accomplissent avec plaisir la tâche que la nature leur a confiée, même s'ils n'ont pas la moindre conscience de la noblesse de leur acte.

Quand on me demande si je suis d'accord avec les théories de l'évolution, j'ai coutume de répondre que le fait que je le sois ou non, n'a pas beaucoup d'importance. Ce qui compte est d'observer les faits pour corriger les erreurs des théories actuelles, et de ce point de vue la conception de l'évolution des géologues m'apparaît comme un progrès par rapport à celle des biologistes qui dominait jusque-là. La géologie nous fournit des preuves de l'évolution : elle nous montre les animaux marins invertébrés suivis des vertébrés et les amphibiens terrestres à sang froid suivis de ceux à sang chaud, puis des oiseaux. Les traces conservées dans les rochers permettent à notre imagination de se projeter dans ce passé lointain et témoignent de l'âge à peine croyable de la terre. Un temps qui ne peut se compter qu'en millions d'années, sachant que vingt-cinq millions d'années correspondent à un simple épisode de l'histoire du monde. En évoquant ces temps infinis, des sciences comme l'astronomie ou la géologie nous donnent un aperçu de l'éternité ; aujourd'hui, ce sont les matières les plus fascinantes qui soient et les enfants sont parfaitement à même de le ressentir. Et en effet, ils en sont fascinés.

La principale différence entre la conception de l'évolution de la géologie et celle de la biologie consiste dans le fait que cette dernière conçoit la vie indépendamment de la terre, comme s'il s'agissait là d'un autre ordre de la création, déposée sur terre pour évoluer, vivre et croître dans le seul but d'atteindre la perfection. Il s'agit là d'une conception linéaire qui s'apparente à la théorie autrefois en vigueur selon laquelle la terre était une surface plate, ce qui permettait de penser qu'un homme ayant marché droit devant lui suffisamment longtemps, aurait fini par tomber dans un trou, celui de l'espace autour de la terre. Aujourd'hui, nous savons que la terre est une sphère et que ce voyageur hypothétique pourrait marcher à l'infini. Ainsi, la conception géologique de l'évolution nous parle de la vie comme d'une entité ayant plusieurs dimensions, qui forme un tout avec la terre et évolue avec elle et grâce à elle, tout en contribuant à sa conservation et à son équilibre. Les biologistes eux-mêmes ont bien été obligés de reconnaître certaines erreurs dans leurs théories car, par exemple, ils ne sont pas en mesure d'expliquer pour quelle raison certains êtres vivants n'ont pas eu la force d'évoluer et sont restés à un stade primitif, sans cerveau pour penser, ni bouche pour manger, ni encore de nerfs pour ressentir. Si autrefois, aux yeux des biologistes, des êtres comme les mollusques constituaient un ratage de l'évolution, aujourd'hui ils sont bien forcés d'admettre l'importance de ces travailleurs de la mer qui contribuent à en conserver la pureté. La vie végétale comme la vie animale doivent aujourd'hui être prises en compte sur deux plans différents, sachant que le plus important reste celui du rôle qu'elles ont à jouer dans le Plan cosmique. Un plan qui peut exiger d'une espèce une très longue période d'équilibre statique, sans la moindre évolution vers un perfectionnement quelconque.

L'un des aspects de l'évolution concerne la satisfaction des besoins vitaux : l'autodéfense, la survie de l'espèce et un certain perfectionnement qui s'opère à travers des modifications successives. Un autre aspect –

plus important que le premier – concerne la fonction cosmique de tous les êtres vivants, voire de toute chose inanimée, qui travaillent ensemble en vue d'atteindre l'Objectif de la Vie. Consciemment chaque créature travaille pour elle-même et si elle n'a pas conscience du but réel de son existence, elle n'accomplit pas moins sa tâche dans ce sens. S'ils pouvaient s'exprimer consciemment, un polype ou un corailw demanderaient probablement de vivre dans des mers chaudes et tranquilles, à l'abri des courants, et d'avoir des serviteurs fidèles qui leur apportent la nourriture sur place. Un corail ne peut avoir conscience que grâce à sa façon de vivre il défend la pureté de l'eau en aidant des millions et des millions de créatures, ni qu'il contribue à la construction de nouvelles terres pour les générations futures. De la même manière, les arbres pourraient – s'ils s'exprimaient consciemment – parler de leur désir de la lumière du soleil et de leur besoin de gaz carbonique comme nourriture, sans savoir que la nature les a munis de ces instincts pour conserver au mieux la pureté de l'air, dont dépend toute forme supérieure de vie sur la terre. L'abeille qui ravit à la fleur son nectar, connaît seule ses besoins et ceux de sa ruche, sans savoir que le besoin que la fleur a de sa visite aux fins de la reproduction, est équivalent au sien d'abeille.

L'homme aussi, comme tous les êtres vivants, poursuit deux buts, l'un conscient, l'autre non. Il a conscience de ses besoins intellectuels et physiques et de ce qui lui est demandé par sa société et sa civilisation. Il sait qu'il doit lutter pour lui-même, pour sa famille, pour son pays, mais il n'a pas encore conscience des responsabilités bien plus grandes qui lui incombent au sein du Plan cosmique, de son devoir de travailler avec les autres pour son environnement et pour l'univers tout entier qui « geint et s'échine ensemble », selon les mots de la Bible, pour parachever la création. La conclusion victorieuse est du ressort du Tout, et pour que cela arrive certains vont jusqu'à sacrifier leur propre perfectionnement en restant des humbles travailleurs : comme le corail, si immobile et si précieux pourtant. D'autres espèces ayant atteint sans le savoir les limites de leur utilité, incapables de s'adapter aux nouvelles conditions, se retirent de la grande armée de la vie, où seuls les obéissants et les disciplinés continueront de marcher en entonnant le chant joyeux de la Vie.

6
Comment la terre mère a été créée

Pour nous faire une idée de l'économie du cosmos, il nous faut remonter très loin dans le temps, jusqu'aux ères géologiques qui ont précédé l'apparition de la vie ; en effet, la terre a subi de formidables changements et transformations dès les époques les plus lointaines. Il arrive aujourd'hui de retrouver des coquillages « emprisonnés » dans des rochers au sommet de très hautes montagnes, comme aussi – dans les marbres extraits au cœur des continents, résultant de matériaux calcaires formidablement comprimés – des restes de créatures dont la forme est encore perceptible dans les veinures délicates de la pierre. Sachant qu'il est impossible que ces animaux marins aient pu atteindre des régions si éloignées des eaux profondes où ils vivaient, on en déduit que ces montagnes et plaines continentales ont dû un jour être submergées par la mer où ces animaux vivaient et travaillaient en contribuant à l'élévation du niveau des terres. Qu'il a dû être grandiose ce déluge que relatent tant de mythes et légendes, outre le récit de la Bible ! En réalité, les marbres colorés tirent leurs nuances des coraux, ces mêmes coraux qui encore aujourd'hui continuent leur travail en construisant les îles qui un jour donneront naissance à un nouveau continent dans l'océan Pacifique. Une Asie nouvelle est déjà en construction tandis que l'ancienne se désagrège lentement.

Les continents se dissolvent dans la mer pendant que les eaux reculent pour laisser place à de nouvelles terres. Sous nos yeux, tout se consume pour renaître sous une forme nouvelle. Mais qui est donc le maître de tant de « changements de décor » dans le monde ? Qui donc a transformé les rochers originels en fusion en dépôts qui prennent la forme de stalactites et de stalagmites dans les grottes, de tours immaculées et de pinacles de sel étincelants de leurs cristaux ou de formations de tuf chatoyant de couleurs dans les régions volcaniques ?

Le grand artificier de toutes ces merveilles et trésors n'est autre que l'eau qui dissout les substances des rochers, les transporte en solution dans le sol et les rend à la lumière à travers les sources qui, elles, viendront irriguer et enrichir la surface de la terre. Jamais l'eau ne vole quoi que ce soit, car elle rend toujours ce qu'elle a pris : en s'écoulant systématiquement d'un point de haute pression à un autre de basse pression, elle commence par remplir chaque vide par distillation. Goutte après goutte, elle laisse derrière elle le poids qu'elle portait et au fur et à mesure un pinacle inversé s'accroche au plafond, tandis qu'un autre pousse en regard sur le sol, formé des particules de calcium laissées par la goutte qui est tombée. Bientôt, ces piliers majestueux rempliront la grotte en la transformant en un palais féerique. Parfois, la présence d'autres minéraux rehausse de couleurs cette architecture merveilleuse – rouge, bleu, rose ou jaune – par des voiles et des drapés d'une beauté éblouissante. Tel est le cas du gypse, dont il existe plusieurs variétés de couleurs, abondant en Italie où il est fort apprécié par les sculpteurs. L'eau est le grand constructeur qui crée et qui transforme. Elle court vers l'océan dans un élan presque amoureux, elle lui apporte ses dons et se purifie, puis s'évapore dans le ciel sous sa forme la plus légère pour retomber sur la terre sous forme de pluie et recommencer son travail.

L'eau est le grand solvant capable de dissoudre même le fer. Et non seulement elle en est capable, mais elle est *tenue* de le faire par les lois qui la gouvernent. Dotée d'une énergie indomptable, elle est toujours en mouvement, pénètre les moindres cavités et fissures, s'envole vers le ciel sous forme de vapeur et retourne sur la terre sous forme de pluie. Pour grandes et puissantes qu'elles soient, ses capacités de solvant sont encore augmentées par la présence du gaz carbonique ; ainsi, en fin de compte, même ce poison est un agent de la nature car c'est l'ami de l'eau, avec laquelle il collabore. La pluie qui tombe ravit à l'air une part du gaz carbonique qui s'y trouve, avec un double avantage : purifier l'air de son poison et se charger elle – l'eau – d'une énergie qui l'aidera dans son travail de solvant des rochers. Ainsi chargée, on pourrait presque l'imaginer comme un mineur pénétrant dans les entrailles de la terre bien plus loin que l'homme ne peut le faire pour se charger de trésors précieux et les mettre en circulation, en vue de réaliser le Plan cosmique. La pression augmente avec la profondeur permettant à l'eau de se charger de gaz carbonique jusqu'à saturation, pour ensuite jaillir à la surface et y dispenser les richesses récoltées dans son voyage souterrain. Les richesses minérales parviennent à la surface grâce aux geysers et aux sources chaudes, comme aussi par le biais des éruptions volcaniques.

De cette manière, grâce à notre imagination nous pouvons nous figurer la terre des origines avec ses rochers durs et bruns, nus du moindre brin d'herbe et de toute trace végétale, sans le moindre bruit émis par une créature animale, dans un silence absolu interrompu seulement par le ruissellement des cascades, le grondement du tonnerre et les éboulements de terrain. La croûte brune et désertique fut modifiée petit à petit et recouverte de couches de terre plus hospitalières, mais avant d'accueillir les êtres vivants, certains des agents de la nature devaient se charger de purifier l'air pour le rendre respirable par les futurs habitants de la planète.

L'air est l'environnement naturel de l'animal, comme l'eau l'est du poisson ; être privés de l'air que nous respirons est un destin encore plus terrible que de manquer d'eau ou de nourriture. Cet air indispensable est le résultat d'un équilibre délicat d'oxygène et d'azote présents en proportions invariables, additionnés d'une petite partie de gaz carbonique. Une légère augmentation de ce dernier rend l'air irrespirable et entraîne la mort par asphyxie. Aux origines de la terre, ces gaz toxiques ont dû être constamment présents dans l'air, crachés par les geysers et les volcans hors d'abîmes chaotiques. Dans l'air respirable, le gaz carbonique n'est présent qu'en raison de trois parts sur dix mille ; dès lors, se pose la question de savoir comment cet équilibre délicat a été atteint et de quelle manière il a pu être conservé pour que la vie apparaisse et participe à la création du monde. Encore une fois, nous nous voyons contraints d'envisager le postulat d'une intelligence qui gouverne l'univers tout entier. La création du monde inanimé ayant été accomplie, nous en sommes donc au stade où la nature doit venir habiller les rochers et fertiliser la terre pour rendre possible le monde du vivant. Encore une fois, notre imagination nous permet d'entendre l'appel lancé, qui résonne presque comme un ordre : « Ô plantes, envahissez le désert, vivez sur ses terres et transformez-les en y apportant la beauté et en adaptant son environnement aux besoins des créatures qui viendront après vous. Envahissez les recoins les plus reculés de la terre pour accomplir votre travail ! » Déjà installée au fond des océans, la vie végétale répondit à l'appel et fit le pas pour venir coloniser les terres émergées. Les conditions de vie qu'elle y trouva étaient loin d'être optimales, contrairement à celles qu'elle connaissait sous la mer ; sur terre, les choses étaient bien différentes. Pourtant, sur chaque rivage de mer, de lac et de fleuve, le passage fut couronné de succès et commença l'invasion qui allait voir le désert fleurir comme un jardin. Toutefois, ces nouvelles recrues devaient être équipées convenablement pour la tâche qu'elles s'étaient choisie ; le soleil, le dieu puissant qu'elles adoraient, leur fit cadeau d'une merveilleuse couleur verte, la chlorophylle, qui leur aurait permis de dévorer le gaz carbonique présent dans l'air, en libérant l'oxygène. La végétation se répandit partout, l'air s'en trouva purifié et vint le moment où le monde fut enfin prêt à accueillir la vie animale pour qu'elle commence, elle aussi, son ascension dans l'évolution et qu'elle prenne son élan vers le perfectionnement et l'efficacité de ses prestations.

On estime la durée de l'évolution de la végétation sur la terre à environ trois cents millions d'années ; des algues aux mousses et aux lichens, en passant par les fougères et en allant vers des formes de plus en plus complexes, toujours plus fortes et belles. La végétation a vécu avec joie son aventure : elle a conquis la terre en aspirant au ciel, tout en agrippant le sol de ses racines robustes pour soutenir des colonnes majestueuses, surmontées de branches entrelacées et de feuilles nombreuses qui ouvraient au soleil autant de « bouches » affamées de gaz carbonique. Le fait même de vivre et de grandir en se perfectionnant, permet aux plantes d'accomplir leur devoir cosmique ; elles le font à nouveau après leur mort, car la végétation morte se transforme dans les réserves inépuisables du charbon de la terre. Qu'aurait-il pu faire, l'homme moderne, sans ce charbon mis en réserve à son intention ?

La vie végétale domina la terre de longs siècles durant ; les insectes étaient les seuls animaux, ils rampaient ou ils volaient et atteignaient parfois des dimensions impressionnantes. La terre était boueuse et chaude, et les saisons n'existaient pas encore car l'axe terrestre n'était pas incliné sur le plan de son orbite autour du soleil comme il l'est actuellement. Dans certaines régions, le sol s'enfonçait lentement, comme il le fait encore de nos jours. Sèches autrefois, les forêts devenaient marécageuses et l'eau des rivières filtrait entre les racines des arbres, s'en trouvant freinée dans son écoulement. Le long des côtes, se construisaient ainsi des bastions de détritus qui par sédimentation recouvraient les vieilles racines et faisaient s'élever le niveau des terres par couches successives. Dans certaines régions du monde ont été découvertes des centaines de forêts ensevelies les unes par-dessus les autres, ce qui est significatif de la durée considérable de cette période d'enfoncement. Ensevelie, la végétation fermentait en émettant des gaz et en se transformant en tourbe dans un premier temps, comme les tourbières d'Irlande et des Pays-Bas. Soumise à une pression ultérieure, la tourbe se transformait en lignite, puis en houille anthracite et enfin en ce charbon fossile qui allait fournir la force motrice de notre civilisation industrielle. Dans l'un des gisements des États-Unis, le charbon se dispose en couches de douze mètres d'épaisseur, sur une surface de plus de trois cents kilomètres carrés. La totalité de ce précieux charbon fut donné à la terre pendant le carbonifère, suite à l'enfoncement de vastes régions couvertes de forêts. Les zones arctiques, comme la Sibérie ou l'Alaska, sont entièrement faites de charbon, ce qui nous révèle qu'autrefois elles connurent des forêts nombreuses et un climat tropical.

Les ferrobactéries furent d'autres humbles ouvriers du laboratoire de la terre : elles construisaient leur coquille avec le fer que l'eau portait en solution des profondeurs de la terre, puis en mourant laissaient leurs restes parmi les formes végétales en putréfaction. Là où se trouvent de l'eau stagnante et des matière en fermentation, on notera des traits marron indiquant la présence du microbe de la rouille qui travaille encore aujourd'hui comme à l'époque où se constituaient les grandes réserves de fer à côté de celles de charbon : une véritable manne pour l'industrie moderne ! Ces mêmes bactéries produisaient aussi une substance huileuse qui au fil des années a donné le pétrole.

Sans exagération aucune, nous pouvons affirmer que les richesses et les performances de l'industrie moderne, nous les devons à ces plantes et à ces animaux qui en vivant et en mourant dans les mers comme sur la terre les ont accumulées pour nous, pour que nous aussi puissions vivre, respirer et travailler, en observant le précepte divin qui dit : « Soyez féconds, multipliez, emplissez la terre… »

Dans notre histoire de la création, une époque s'achève ; son dernier chapitre relate l'invasion de la terre par la végétation colonisatrice. La nature guida les plantes dans leur aventure pour que l'effort prodigieux à accomplir soit couronné de succès et pour qu'à leur mort elles soient ensevelies sous terre et transformées en charbon. Devons-nous en conclure que la nature est cruelle dans sa mise en œuvre du Plan cosmique ? Pas du tout ! En confiant à chacun une tâche essentielle dans l'économie générale de la création, la nature assortit cette même tâche de la satisfaction d'un désir profond, en en faisant ainsi une joie et jamais un sacrifice pénible. Seule la vie peut affirmer : « La liberté véritable consiste à se mettre à mon service ! » Le travail comme expression cosmique est une joie et un besoin vital ; s'en dispenser signifie disparaître. C'est le destin qui nous a été réservé par le péché originel de la désobéissance.

7
La guerre de titans des origines

Au bout de nombreux millénaires de transformations paisibles et successives où les terres émergées avaient constamment cherché l'équilibre avec les mers grâce à l'action d'agents multiples – période aussi où la terre s'était chargée de richesses minérales mises en réserve pour les générations futures –, la situation de la planète en arriva à un point critique. Ce fut un peu comme si la terre avait perdu patience et décidé de se révolter. Ne pouvant plus tolérer d'être recouverte d'eau, elle décida d'organiser ses défenses pour garder l'ennemi à distance. Tout au long de ses côtes, des montagnes volcaniques se mirent à cracher du feu et des masses rocheuses en fusion, en bâtissant ainsi une barrière de chaînes montagneuses en Asie, dans le nord de l'Europe et en Afrique, mais aussi en Amérique du Nord et en Amérique du Sud avec les Rocheuses et les Andes respectivement. Ce fut une véritable guerre de titans à l'échelle planétaire qui se répandit jusqu'en Australie, aux Indes orientales et aux Philippines. La terre dressa de gigantesques barrières que l'eau ne pouvait franchir ; ainsi, les eaux emprisonnées formèrent des lacs dont l'eau s'évapora laissant des déserts de sable. Il est vraisemblable qu'à cette époque la chaleur du soleil ait été moins intense, ou en tout cas que la terre n'ait pas été en mesure d'en bénéficier comme avant, car le gel et les glaciers se répandirent partout sur la planète sauf dans les régions tropicales qui restèrent chaudes. L'une des conséquences de cette guerre de titans fut le dépôt d'énormes quantités de sel jusque sur les sommets des montagnes, où encore aujourd'hui elles forment des pinacles de cristaux étincelants.

Il se pourrait que l'une des raisons du gigantesque conflit que notre imagination reconstitue, ait été l'élimination du surplus de sel dans l'eau des océans qui menaçait la vie sous-marine de l'époque. Ce qui est certain, est qu'au permien s'est manifesté un besoin urgent de réduire la salinité de l'eau de la mer. Cette fois, la mission ne pouvait pas être confiée à des êtres vivants formant leurs coquilles avec le chlorure de sodium, comme cela avait été le cas quand il s'était agi d'éliminer le surplus de carbonate de calcium. L'eau fut donc capturée par la terre, de la même manière qu'un cuisinier cosmique retirerait quelques louchées d'un bouillon trop salé pour les remplacer avec de l'eau. Un cuisinier modifiant de la sorte la saveur de sa préparation, ne jetterait certes pas le liquide retiré ; de la même manière, l'eau de mer fut mise de côté dans de grands lacs salés pour être utilisée ultérieurement. L'eau, après s'être évaporée en nuages, retourna sur la terre sous forme de pluie et alla enrichir le cours des fleuves puis la mer ; le sel resta sur la terre formant de riches dépôts pour que l'homme les utilise le moment venu.

Les statistiques nous informent que l'homme utilise mille millions de tonnes de sel par an. Nous consommons du sel depuis des temps immémoriaux, d'où l'importance de ces dépôts gigantesques. Certaines mines de sel atteignent les cent mètres de profondeur, d'autres forment de somptueux palais de sel cristallisé et de gigantesques coupoles portées par des piliers étincelants comme le diamant, qui se reflètent dans les eaux de lacs paisibles nichés au fond des grottes. L'une de ces mines se trouve à la frontière entre l'Autriche et la Bavière, près de Berchtesgaden : elle est exploitée depuis douze siècles et ne risque pas de s'épuiser de sitôt, car elle fait partie d'une chaîne de montagnes de sel qui remontent d'une profondeur de mille cinq cents mètres sous terre environ. En Sicile, dans le sud de l'Italie, une mine de sel s'étend sur des kilomètres et des kilomètres carrés, une autre en Pologne atteint la profondeur de trois cents mètres. L'Asie Mineure, la Roumanie, l'ancienne Perse et l'Inde possèdent aussi leurs montagnes de sel. L'Amérique du Sud en possède une chaîne entière avec des sommets en forme de cône et de pyramide aussi brillants que des diamants au soleil. Au Tibet et dans l'Hindou Kouch comme dans l'actuelle Éthiopie, de grands dépôts de sel témoignent que sur ces très hauts plateaux existèrent jadis des mers intérieures évaporées aujourd'hui, comme le confirment les fossiles d'animaux marins trouvés dans les rochers de ces régions.

Le soulèvement de ces puissants remparts se vérifia à une époque où la terre semblait être en proie à une violente colère ; toutefois, certes de manière plus paisible, l'œuvre de rééquilibrage se poursuit encore aujourd'hui, en venant compenser les pertes en terres dues à l'érosion et à l'enfoncement, et en continuant de dégager le surplus de sel des eaux de la mer. Ce processus est perceptible dans les lacs salés des côtes de la mer Rouge, dans les deltas des fleuves – où ceux-ci sont contraints de chercher de nouveaux débouchés par les barrages dressés pour contrer leur cours –, dans les lagunes du Mississippi et à Odessa. Si le détroit de Gibraltar n'était pas aussi profond qu'il ne l'est, la Méditerranée serait une lagune. Dans le Grand Lac salé aux États-Unis seulement quelques espèces de crustacés peuvent survivre et la mer Morte est un autre exemple d'une mer qui s'évapore et qui laissera, à terme, un grand dépôt de sel.

La lutte titanesque qui changea si radicalement la face de la terre et emprisonna de vastes étendues d'eau de mer, coïncide avec la fin du paléozoïque ; l'époque qui lui succède, le mésozoïque, s'étend sur cent cinquante millions d'années. Descendants des premiers amphibiens qui malgré leur double habitat continuaient de déposer leurs œufs dans l'eau – comme le font les grenouilles encore de nos jours –, les reptiles sont les premiers animaux à régner sur la terre. C'est dans la première période du mésozoïque, le trias, que prospèrent les plus imposants des amphibiens, notamment une sorte de crapaud qui a laissé l'empreinte de ses pattes dans le sable à l'embouchure des fleuves ; grâce à la sédimentation, elles demeurent imprimées dans les rochers encore de nos jours. Très gros et maladroit, pour déplacer son corps trapu cet amphibien utilisait ses courtes pattes comme des rames plus que comme des membres à proprement parler. Au bout de nombreux efforts pour évoluer et se perfectionner, certains d'entre eux purent enfin marcher ; leurs pieds comptaient trois doigts, ce qui a valu aux chercheurs de confondre leurs empreintes avec celles des oiseaux, jusqu'au moment où leurs ossements aussi ont été retrouvés. Certains d'entre eux eurent la curiosité de pénétrer plus loin dans les terres et le firent en serpentant au lieu de marcher sur leurs pattes : c'est pourquoi ils ont fini par assumer la forme de reptiles. Certains bénéficiaient d'ailes voilées accrochées au dos, ce qui dans un premier temps devait être censé les aider à marcher. Les restes fossiles de ces « voiles » présentent souvent des os cassés, ce qui laisserait croire qu'elles se révélaient gênantes pour l'animal. Leurs dents étaient aptes à écraser et non à mâcher et encore aujourd'hui les reptiles écrasent leur nourriture avant de l'avaler, contrairement aux autres animaux. L'ensemble de ces animaux mangeaient énormément : ils se nourrissaient de feuillage coriace et de fruits durs comme les pommes de pin, d'où l'utilité d'une dentition puissante et sans pointes. Grâce aux résidus organiques qu'ils laissaient, ils contribuaient à la lente transformation de la surface de la terre en la préparant à des espèces de végétation plus délicates.

Au cours du jurassique – la période qui suit le mésozoïque – on trouve des reptiles de la familles des sauriens, sorte de monstrueux lézards si gros et si lourds qu'ils se déplaçaient exclusivement dans l'eau et qui, de ce fait, passaient le plus clair de leur temps dans les marécages. Dotés d'une toute petite tête par rapport à la taille du corps, ils étaient très lents et pas très intelligents, constamment occupés à ruminer. Des sauriens de plus petite taille succédèrent aux gigantesques dinosaures, en devenant carnivores grâce à une certaine abondance de nourriture animale. Marchant sur leurs pattes arrière, ces sauriens nouveaux se déplaçaient beaucoup plus rapidement que leurs prédécesseurs, ils pouvaient faire des pas de six mètres de long et étaient même capables de bondir sur leur proie pour l'attraper. Ils étaient très féroces et munis de dents qui pouvaient mesurer jusqu'à vingt centimètres de long. Au fil de l'évolution, certains sauriens apprirent à voler en ressemblant dans ce cas aux dragons de nos contes de fées. Le ptérosaurien avait des ailes d'une envergure de six à huit mètres. Ces ailes étaient constituées d'une membrane accrochée à un bras et à un doigt, pendant que deux autres doigts servaient de serres pour permettre à l'animal de se suspendre la tête en bas, comme le font les chauves-souris encore aujourd'hui. Certains de ces reptiles finirent par s'ennuyer sur la terre ferme et retourner à la mer, l'ichtyosaure, par exemple, dont le nom signifie d'ailleurs « mi-poisson, mi-lézard ».

Dès ce moment, l'évolution put avancer à grands pas, car la scène était enfin prête pour accueillir des formes de vie supérieures.

8
Le crétacé

Cette dernière époque du mésozoïque tire son nom des dépôts d'argile et de craie laissés par les foraminifères qui vivaient nombreux dans les mers. Leurs coquilles se composaient de disques ronds faits de onze anneaux chacun, que bien des années plus tard les Romains utiliseraient en guise de pièces de monnaie. À cette même époque apparurent aussi les radiolaires, les hippurites et les ammonites, équipées de tentacules et capables de se rétracter entièrement à l'intérieur de leurs coquilles.

Sur la terre, l'évolution avait eu pour résultat des arbres plus « raffinés », avec des feuilles en éventail par exemple, tandis que les reptiles s'étaient armés de plaques osseuses sur le dos et sur les côtés, voire de piquants. L'un de ces reptiles s'était équipé de cornes – deux aux côtés des yeux, deux autres de part et d'autre des narines – qui formaient ainsi une sorte de couronne au milieu de son museau. Bref, chacun recevait de la nature des armes pour se défendre des coutumes carnivores de ses voisins. Toutefois, à la fin du mésozoïque, quand ces animaux furent obligés de céder la place à des créatures bien plus faibles qu'eux, rien ne put les sauver de l'extinction, ce qui prouve bien que la « survie du mieux adapté » ne fait pas partie des lois fondamentales de la nature. La cause factuelle de leur disparition semble avoir été leur négligence vis-à-vis de leur progéniture, ce qui les amenait à déposer des œufs peu nombreux et à les abandonner à la voracité d'animaux plus petits, mais plus intelligents. Ainsi délaissés, leurs petits devenaient la proie facile d'autres animaux, car les parents ne veillaient pas sur eux. Ces monstres paresseux et stupides n'étaient donc plus d'aucune utilité et la seule façon pour la nature de les utiliser une dernière fois fut celle d'en faire des fertilisants pour la terre.

Avec une découverte qui nous éblouit par l'enseignement qu'elle nous transmet, les biologistes nous informent que les successeurs de ces animaux furent les oiseaux et les mammifères, faibles physiquement, mais forts par leur instinct maternel, capables notamment de défendre leur progéniture jusqu'à la mort. Si l'évolution coïncidait avec une simple augmentation de la taille, comment de délicieux petits moineaux auraient-ils pu succéder à ces monstres féroces et en hériter le royaume ? L'instinct de protection que les oiseaux, comme les mammifères, manifestent pour leur progéniture, constitue le véritable progrès de cette étape de l'évolution, bien plus qu'un quelconque perfectionnement de la dentition ou l'apparition des plumes. La nature a évolué en renforçant ce qui s'était montré comme étant le point faible de ses créatures, en les dotant enfin d'une énergie nouvelle appelée Amour. Cet amour qui allait se révéler comme étant une énergie formidable, capable de faire oublier à ces animaux toute peur et inquiétude pour eux-mêmes. Fait significatif, cette force s'accompagne de l'apparition d'animaux à sang chaud. Le don divin de l'amour se révèle avec autant de force chez les mammifères que chez les oiseaux, et nous reconnaissons en cela le secret de la survie.

Les seuls reptiles équipés de cuirasses qui restent encore aujourd'hui sont les crocodiles et les tortues, sachant que ces dernières ont gardé l'habitude de déposer leurs œufs dans le sable et de les abandonner en proie aux oiseaux et autres animaux. Comparez ce comportement avec le soin amoureux avec lequel les oiseaux cachent leurs nids dans les endroits les plus reculés, en veillant à ce qu'ils ne soient pas découverts et en allant parfois jusqu'à attirer ailleurs les prédateurs éventuels au risque de leur propre vie. Observez encore avec quel amour et combien d'appréhension les deux parents apprennent aux petits à voler, insouciants d'eux-mêmes !

Jean-Henri Fabre, célèbre entomologiste français, fut parmi les premiers à souligner cet aspect dans ses livres *L'amour des animaux* et *La vie des insectes*. Voici un homme de science sensible à la poésie qui sut s'inspirer d'un seul mot, « nid », pour en tirer toutes les idées de tendresse qui lui sont associées. « Les mammifères sont les êtres qui montrent le plus d'amour vis-à-vis de leurs petits, car si pendant la gestation ils les font grandir dans leur ventre pour mieux les protéger, après la naissance ils les nourrissent avec leur propre sang devenu lait, puis continuent d'en prendre soin tant qu'ils demeurent sans défense, au prix de grands sacrifices. » Les oiseaux et les mammifères sont des animaux à sang chaud, contrairement aux reptiles dépourvus de tout sentiment.

Les premiers mammifères apparus sur la terre étaient petits et presque insignifiants ; pourtant, ils étaient appelés à devenir les animaux dominants de l'étape suivante de l'évolution terrestre. Rapidement, ils gagnèrent en taille et leur corps prit la forme qu'il garde encore aujourd'hui dans les espèces qui ont survécu. Le cheval, dont ont été retrouvés des restes fossiles, était à l'époque de la taille d'un petit chien, il avait des pieds munis de cinq doigts, vivait dans les forêts et se nourrissait de feuillages. Plus tard, il apprit à se mettre sur la pointe des pieds pour courir plus vite et le genou du membre postérieur apprit alors à se plier à l'arrière, pendant que les doigts non utilisés, à l'exception du médium, avaient tendance à disparaître en se fondant avec le reste du sabot, comme nous pouvons encore l'observer chez les ânes et les chevaux actuels.

De même, l'éléphant était de petite taille et ressemblait un peu à un cochon au long nez. Avant l'apparition de la trompe, il était doté de trente-six dents, dont deux plus longues que les autres : dix d'entre elles furent éliminées par l'évolution de l'animal tandis que le nez s'allongea pour former une trompe. N'oublions pas toutefois que les éléphants de l'époque gardaient les proportions d'un petit mammifère et, par rapport à ceux d'aujourd'hui, étaient de véritables lilliputiens !

Le premier chameau retrouvé était de la taille d'un lapin, mais apparemment il atteignit vite les dimensions d'un mouton. Son cou grandit de manière démesurée comme celui de la girafe, tant et si bien que dans un premier temps les restes fossiles de ces animaux furent appelées chameaux-girafes. Ceci parce qu'ils se nourrissaient du feuillage des arbres et allongeaient continuellement le cou pour l'atteindre. Plus tard, les chameaux s'adaptèrent aux conditions de vie du désert et sur leur dos poussèrent alors deux bosses leur permettant d'accumuler des réserves d'eau et de nourriture.

Le rhinocéros lui-même a commencé par être petit, mince et haut sur pattes pour courir rapidement. Son poil était hirsute pour protéger sa peau des mouches. Le kangourou fit pousser une poche sur son ventre pour porter son petit comme il le fait encore aujourd'hui en Australie. Le tigre à dents de sabre était un mammifère féroce et pourtant végétarien dans la plupart des cas. Dans les régions les plus froides, vivait un mammifère gigantesque dont quelques restes ont été retrouvés dans les glaciers ; lors de sa découverte, ses chairs étaient encore si fraîches que les loups et les chiens les ont dévorées.

De ces mammifères descendent les formes animales que nous connaissons aujourd'hui, parmi lesquelles celles que l'homme aurait prises dans l'ère tertiaire, c'est-à-dire à partir de cinquante-huit mille ans avant J.-C. Mais les chercheurs hésitent encore à inclure l'homme parmi ces formes de la vie animale. En effet, il nous faut reconnaître qu'aucun lien direct n'a été établi jusqu'à présent et que par ailleurs ont été retrouvés des restes humains qui datent d'une époque antérieure à celle des grands singes les plus proches de nous.

Désormais, la terre était prête à accueillir des êtres plus délicats, plus exigeants, car le sol s'était enrichi en substances organiques et l'herbe qui y poussait offrait des pâturages nombreux. De nouveaux types d'arbres étaient apparus qui se multipliaient par ensemencement et non par spores, pendant que les fleurs commençaient à apparaître apportant une touche de beauté délicate qui s'accordait bien avec le décor flambant neuf de la maison de la Vie. En ce qui concerne la vie végétale, le tournant décisif fut le moment où les lichens, mousses et fougères cédèrent la place aux plantes à fleurs et à graines. Pour leur fécondation, celles-ci s'assurèrent de la collaboration des insectes volants en les attirant vers elles par des couleurs et des parfums attrayants que leur ami le vent soufflait loin. Leur variété était infinie car elles devaient tenir compte de goûts différents et nombreux, ce qui fait que chaque fleur avait parmi les insectes son ami préféré. La plante préparait son nectar pendant que l'insecte se faisait beau pour cette invitation à la fête : l'abeille en ajoutant fourrure et velours à son corsage, le papillon en resplendissant de gaieté dans les nuances colorées de ses ailes. La synergie entre plantes et animaux touchait à la perfection. Les abeilles transportaient le pollen accroché à leur corps velu et fécondaient les graines des fleurs auxquelles elles rendaient visite en faisant leurs provisions de cire et de miel. De cette manière, les besoins des uns et des autres étaient satisfaits et la nature réalisait son dessein secret.

Le climat était généralement tempéré sous toutes les latitudes, sachant que dans les régions arctiques actuelles poussaient alors magnolias et plantes de myrtes. La terre à l'époque devait être fabuleusement belle et les gros monstres lourds et stupides ne lui convenaient décidément plus. Certains firent l'effort de « mincir » et de prendre des dimensions plus raisonnables – ce qui leur valut de survivre, notamment quand ils eurent l'intelligence de se transformer en serpents. À ceux qui se montrèrent trop paresseux pour faire l'effort de s'adapter, il ne resta qu'à disparaître. Les serpents actuels sont les descendants directs de ces « dragons », sachant qu'ils n'ont pas eu de venin jusqu'à l'apparition de l'homme. Avec le temps, ils ont acquis une double articulation de la mâchoire qui leur permet d'engloutir des proies ayant une circonférence plus grande que celle de leur propre corps ; depuis toujours, le serpent a une réputation d'être rusé, mais aussi très sage.

9
La nouvelle fatigue de la terre

La terre semblait alors dans un état d'attente fébrile, certaine d'un heureux présage. Son cœur battait en participant à la joie de la création, ses viscères frémissaient et des larmes d'émotion coulaient dans les lits de ses fleuves. Son humeur était tout autre qu'autrefois, quand au permien, par exemple, elle avait déclaré la guerre aux eaux usurpatrices. Désormais plus calme et apaisée, elle était émue de tout son être en sentant approcher l'arrivée de l'homme, destiné à devenir son seigneur ; elle préparait pour lui dons et cadeaux en abondance. Une tendre chaleur et un vent d'amour soufflaient sans interruption partout dans le monde. Toutes sortes de métaux que la terre avait préparés dans ses laboratoires souterrains, étaient apportés à la surface et ici déposés. L'un de ces matériaux était aussi brillant que le sel cristallisé, sans pour autant être soluble : c'était le diamant, plus tard si prisé par les hommes. De cette profusion de richesses minérales, une très grande part revint à l'Inde, où l'émotion de la terre se manifesta de manière particulièrement vive. Si l'Inde d'aujourd'hui n'est pas le pays le plus riche du monde, cela ne tient qu'au fait que ses enfants n'ont pas encore exploité ses richesses ; s'ils ne se décident pas à le faire, d'autres, prêts à travailler et à penser davantage qu'ils ne le font, prendront inévitablement leur place. En refroidissant, les rochers en fusion se figèrent en cristaux donnant les diamants, mais aussi les émeraudes, les saphirs et autres pierres précieuses. La résine des arbres donna l'ambre où certains insectes de l'époque furent piégés en devenant fossiles. Bien plus tard, les Grecs devaient apprécier tout particulièrement ce matériau – qu'ils appelaient « élektron » – car ils lui attribuaient le pouvoir magique de protéger du mauvais œil. Les trésors déjà découverts sont aussi nombreux que ceux qui restent à découvrir, aux pouvoirs encore inconnus ; ils demeurent cachés au sein de la terre non loin de la surface pour que l'homme puisse un jour les découvrir et les extraire. La curiosité d'un enfant a conduit à la découverte des diamants de Kimberley, en donnant le coup d'envoi à l'exploitation des mines d'Afrique du Sud. Viendra-t-il le jour où les diamants seront si répandus qu'ils perdront de leur très grande valeur ?

Dans sa grande émotion, la terre fronça sa croûte formant des chaînes montagneuses qui emprisonnèrent de vastes étendues de mer. La température se fit variable selon les régions, avec des vallées abritées et chaudes, des glaces et de la neige qui recouvraient les sommets des montagnes et des glaciers qui s'étendaient lentement jusque dans les plaines. Ce manteau de glaces couvrit la surface entière de la terre en réduisant en poussière les sommets des montagnes. Il couvrit l'Europe, l'Amérique et le nord de l'Inde sous une couche de glace épaisse de un à trois kilomètres. Un accueil décidément glacial pour l'homme, lequel, nu de toute fourrure, se trouva confronté à une période glaciaire qui avait duré quelques milliers d'années ! Il put toutefois s'abriter dans les vallées les plus chaudes pendant que les glaces lui préparaient le terrain pour son futur travail ; en effet, les glaces ayant pour effet de réduire les rochers en poussière, elles laissèrent un terreau extrêmement fertile. Ainsi, la terre accueillait son fils avec joie, mais lui offrait une vie de labeur et non une vie facile qui l'aurait affaibli.

Tout en prévoyant de nombreux tableaux pour permettre à l'enfant de se faire une idée de la nature et du rythme auquel la vie a progressé, une école Montessori ne demande pas aux enfants d'apprendre des noms et des dates. Ce qui compte est de voir l'enfant s'intéresser au spectacle de l'évolution et à l'accélération constante de ses processus. Avant toute chose, il faut jeter les graines de l'intérêt dans l'esprit de l'enfant – ce qui est relativement facile si ces intérêts existent d'abord chez l'enseignant – tout en s'efforçant de répondre à ses questions de manière satisfaisante, quand il demande à en savoir plus. Les enfants aiment commencer la leçon en plaçant un certain nombre d'images sur des tableaux vides qui indiquent simplement les différentes époques ; de cette manière nous les aidons dans leur effort de compréhension, en isolant les difficultés et en leur présentant une chose à la fois pour éviter toute confusion. L'enfant ne peut pas s'intéresser à un amas chaotique de données à apprendre par cœur ou à répéter dans un ordre donné. En réaction, certains éducateurs modernes voudraient donner à l'enfant la liberté d'apprendre seulement ce qu'il aime, sans lui fournir la moindre préparation préalable apte à éveiller son intérêt. Ce qui équivaut à peu près à imaginer de construire une maison sans se soucier des fondations. Aujourd'hui, on observe d'ailleurs un phénomène semblable dans le domaine de la politique où l'on offre la liberté de parole et une voix électorale à tout un chacun, sans pourvoir d'abord à l'éducation des enfants, ce qui revient à dire donner le droit d'exprimer des pensées là où il ne peut pas y en avoir, et là où la faculté même de penser n'existe pas ! Les enfants, comme la société, ont besoin d'être aidés à développer leurs facultés mentales et en premier lieu leur capacité à s'intéresser, car dans ce cas seulement ils pourront grandir de manière libre et naturelle. Ce que je souhaite le plus ardemment est de rendre la vue aux aveugles pour qu'ils puissent voir seuls, et même pour qu'ils arrivent à voir davantage que je ne suis moi-même en mesure de le faire. L'amour d'une mère est ainsi : elle apprend à son enfant à marcher seul, sachant qu'un jour il pourra user de cette capacité pour courir loin d'elle.

Le progrès se traduit par le fait d'atteindre un résultat donné en moins de temps. Les enfants le comprennent parfaitement lorsqu'il s'agit de remplir avec plusieurs images les derniers espaces vides de chaque tableau. Que le passé de l'homme est court – se disent-ils – par rapport à tout ce qui s'est passé avant, et pourtant quelle masse impressionnante de travail a-t-il accomplie ! L'enfant construit librement autour de ce point ou de tout autre point qui l'intéresse, car le matériel fourni lui présente les mêmes faits vus sous plusieurs angles. Les engrammes doivent se mobiliser et pour que ce processus soit pleinement conscient, il faut leur en laisser le temps nécessaire. Il est possible que certains enfants ne manifestent aucun intérêt et que d'autres nécessitent de plus ou moins de temps pour assimiler les connaissances énoncées. Quel que soit le cas de figure, notre expérience nous a démontré que l'enfant s'intéresse moins aux choses qu'à la manière dont ces choses ont été découvertes. Il s'ensuit qu'il est facile de susciter chez lui l'intérêt pour l'histoire des conquêtes de l'homme, car il souhaite y participer.

10
Les premiers hommes

Avec l'homme, quelque chose de nouveau pénétra dans le monde, une énergie vitale d'ordre psychique différente de toutes celles qui avaient existé jusque-là. Dès le début, l'homme se servit d'outils comme aucun autre animal ne l'avait fait auparavant, bien que certains d'entre eux fussent capables de saisir et de soulever des objets. Le premier homme dont a été retrouvée la trace date du paléolithique, période ainsi appelée en raison des outils que celui-ci taillait dans la pierre. Bien que ses restes soient très rares, sa présence a été prouvée par la découverte de ses outils, silex aiguisés et polis. Il est tout à fait significatif que l'homme ait laissé derrière lui le produit de ses mains et la trace de son intelligence créative, plutôt que des restes corporels parmi tant d'autres animaux : il s'agit là en effet de la caractéristique fondamentale de cette nouvelle énergie cosmique. Des outils les plus rudimentaires, l'homme passa rapidement aux armes et aux instruments plus élaborés en allant jusqu'à quelques tentatives de décoration avec les premières figurines gravées dans les rochers.

On distingue deux périodes du paléolithique (N.d.T.) : le paléolithique inférieur, caractérisé par des

---

(N.d.T.) Aujourd'hui on en distingue trois : inférieur, moyen et supérieur.

outils de pierre rudimentaires, et le paléolithique supérieur, caractérisé par des outils en pierre plus élaborés, au cours duquel les traces de l'existence de l'homme se font plus nombreuses et fréquentes. La période dite inférieure est aussi connue sous le nom de chelléen ; selon les études les plus récentes en ethnographie, on dénombre encore de nos jours au moins une vingtaine de peuplades qui en sont restées à ce stade de la civilisation, tout en étant sous la domination de civilisations supérieures. Sorte de témoignage vivant de ce passé lointain – conjointement aux traces trouvées par les géologues et les archéologues, et avec les traditions transmises par les documents écrits dans les cinq mille dernières années – ces peuplades nous permettent d'assister, comme dans un film, à l'évolution de la vie de l'homme.

Après la première, toutes les civilisations qui se sont succédé ont accéléré le rythme, poussées par des besoins nouveaux et impérieux. Sans que le but principal ait été celui de rendre la vie de l'individu plus facile ou plus heureuse, l'environnement, à chacune des étapes qui se succédaient, exigeait de l'homme de meilleures prestations. Par conséquent, les hommes étaient contraints d'évoluer en même temps que leur environnement et en fonction de celui-ci. Même dans les civilisations les plus évoluées, l'immobilisme a toujours conduit à la stagnation et à la mort.

L'homme est relativement faible et dispose d'une peau nue ; il est désarmé et en net désavantage physique par rapport à de nombreux autres mammifères. Pour compenser, il est doté d'une intelligence supérieure, car il est appelé à réaliser une œuvre primordiale dans la création, comme aucune autre forme de vie évoluée. L'intelligence est sa nouvelle arme.

Regardez-le bouger parmi les fauves armés de griffes et de dents qui peuvent le déchiqueter, désarmé même face à la chaîne de montagnes qui lui barre la route de ses aventures et de ses entreprises, contraint de jalouser les ailes de l'oiseau qui lui permettent de voler et l'aptitude à la nage du poisson. Sa nature ne lui permet pas de voler ni de nager, ni encore de mettre en pièces ses ennemis ou de les fuir très rapidement. Pourtant, au vu des faits, la nouvelle arme se révèle supérieure à toutes les autres et avec le temps l'homme s'affirme dans tous les domaines, non pas grâce à la force de ses jambes ou de ses bras, mais grâce à son cerveau et à son imagination créative notamment ! L'homme est le plus important des agents de la création de Dieu et il n'est pas arrivé sur terre seulement pour en être le seigneur et en jouir, pour s'enorgueillir de cela et s'en vanter comme un idiot. L'homme qui se glorifie de sa supériorité ou de celle de sa race, ne le fera jamais longtemps ; cet homme-là est destiné à tomber en disgrâce, laissant derrière lui la mort et la destruction comme l'histoire nous l'a montré dans de nombreux exemples. Les humbles sont les hommes les plus grands ! Toutefois, il y a aussi de quoi être légitimement fiers et heureux que l'homme ait transformé le monde au fil des siècles, en dépassant toutes les inventions de la nature. L'homme – qui à son arrivée trouva des conditions de vie bien plus difficiles que celles imaginées par Defoe pour le Robinson de son roman – a bâti la civilisation.

L'histoire de la terre a connu trois périodes glaciaires avec des intervalles entre les unes et les autres ; la première et la seconde ont été les plus longues et aussi celles qui se sont étendues le plus au sud de la planète. Les chaînes montagneuses de l'Himalaya et des Alpes se sont formées relativement peu de temps avant l'arrivée de l'homme, tandis que de l'inondation d'immenses étendues de terre est né l'océan Pacifique. Des régions jadis limitrophes ont été séparées, pendant que l'Angleterre et l'Irlande étaient « mises au congélateur » et le Sahara était une région fertile et accueillante.

Au cours de la troisième période glaciaire, la terre fut à nouveau couverte de glaces, sachant toutefois que celles-ci s'étendirent moins au Sud. Entre les Alpes et le Caucase se créa un « couloir » de terres au climat tempéré où l'homme pouvait vivre. Les glaciers ont fondus vers 18000 avant J.-C. en déversant une telle quantité d'eau dans la mer que cela provoqua un terrible déluge, peut-être celui-là même du récit de la Bible.

Les terres en furent bouleversées et à la suite de ces mouvements cataclysmique, l'Italie prit sa forme actuelle comme l'Espagne et la Grèce, tandis que d'énormes quantités d'eau affluaient vers l'intérieur des terres en faisant de ce qui jadis avait été un fleuve l'actuelle mer Méditerranée. La mer Rouge est un autre fleuve devenu mer sachant que de nombreux autres changements de cet ordre se vérifièrent en Occident en ces temps lointains. Enfin, encore une fois la terre s'apaisa et put prendre soin d'elle et se faire belle.

Pendant ces périodes de grands bouleversements, l'homme a vécu au milieu des glaces, le plus souvent dans les forêts ou sur les rivages des fleuves, entouré de mammouths gigantesques, tigres à dents de sabre, élans et cerfs, outre les chevaux (alors de petite taille), les ancêtres du buffle et castors gigantesques. Les lions et les tigres tels que nous les connaissons aujourd'hui n'existaient pas encore ; pendant l'acheuléen, qui suivit le chelléen dans le paléolithique, firent leur apparition les premiers éléphants – eux aussi de petite taille – puis les bœufs musqués, les antilopes et les moutons. Si les premiers hommes étaient de grande taille, ils n'étaient pas encore très intelligents, même s'ils utilisaient déjà les premiers outils rudimentaires. À partir de cinquante mille ans avant J.-C. fit son apparition une nouvelle race d'hommes plus petits par la taille, mais décidément plus intelligents, qui savaient fabriquer des sortes de couteaux en silex, élaborés avec une certaine habileté. Ces hommes se nourrissaient de baies, de racines, d'escargots, d'œufs et de grenouilles : en un mot, ils étaient omnivores. Ils avaient de drôles de rites funéraires et adoraient leurs morts. L'homme de Cro-Magnon ressemblait assez aux indiens d'Amérique actuels. Pendant la troisième période glaciaire, les hommes et les animaux vivaient à l'abri des grottes non loin de dangereux voisins comme les ours. Par la suite, lorsque les glaces eurent fondu, les hommes comme les animaux s'installèrent dans les forêts, et l'homme devint chasseur. L'art fit son apparition, les premières figurines furent sculptées, des têtes de chevaux et autres animaux gravées sur les rochers. Avec les morts, l'homme commença à enterrer aussi colliers et autres ornements, armes et objets domestiques divers ; le plus souvent, le défunt était installé assis avec les genoux remontés jusqu'au menton.

En partant d'Afrique, des populations nomades atteignirent le Nord accompagnées de lions, tandis que d'autres groupes en provenance d'Asie arrivèrent en Occident avec des chevaux de grande taille. Au magdalénien, l'homme n'était déjà plus primitif, car il travaillait l'os et la corne au lieu de la pierre, savait façonner des aiguilles d'os pour coudre, des lances et des harpons pour pêcher. Encore de nos jours, ces harpons sont considérés comme des porte-bonheur ; le plus curieux est qu'on en trouve en Espagne, près des Pyrénées, où rien ne laisse supposer qu'il y ait eu de l'eau à l'époque où ces harpons étaient en usage. On en déduit qu'ils ont été importés et qu'il existait donc déjà un commerce d'« objets de luxe » et d'objet d'art, comme ceux dont il est question. Les plus beaux étaient fabriqués en Égypte. Comme d'habitude, les plus communément troqués étaient les objets sans utilité pratique, qui satisfaisaient les besoins spirituels et esthétiques de l'homme plus que ses besoins matériels. Sachant que parfois, pour les posséder, l'homme n'hésitait pas à mettre sa vie en danger.

L'*Homo sapiens* était arrivé. Désormais, une fois apaisées les perturbations qui avaient accompagné les Grands Déluges – ou le dernier d'entre eux, s'il y en a eu plusieurs – l'homme pouvait cultiver un sol riche et fertile, et domestiquer les animaux pour les mettre à son service, comme par exemple dresser les chiens à monter la garde. Il connaissait tous les arts, s'habillait de peaux et d'étoffes tissées qu'il fabriquait à partir de la laine des moutons, savait se servir de l'arc et des flèches en plus du couteau, portait des ornements façonnés dans le jade, en or et en bronze, et utilisait une vaisselle décorée pour son usage quotidien. Il s'agissait, en somme, d'une civilisation évoluée, sachant que dès ce moment les hommes ont été classés en deux groupes principaux, les éleveurs et les agriculteurs, qui se sont opposés les uns aux autres de longs siècles durant.

11
Nomades contre sédentaires

À l'origine, l'homme pratiquait la chasse pour se défendre des attaques des fauves ; seulement plus tard, au fur et à mesure qu'il devenait carnivore et prenait confiance en son habileté, il commença à chasser pour se procurer de la nourriture. Plus tard encore, il apprit à domestiquer certains animaux pour qu'ils l'aident dans ses besoins quotidiens. Loin de les dompter, comme on le croit souvent, il se limitait à les capturer et à les garder prisonniers. Ceux qui parvenaient à s'adapter et à se reproduire dans les conditions que l'homme leur offrait devenaient naturellement domestiques, d'autres, comme les zèbres ou les antilopes, ne le sont jamais devenus. En Égypte, il était coutume de garder prisonniers lions, hyènes et léopards. Il est vraisemblable qu'à l'origine les animaux fussent destinés à des fins religieuses plutôt que domestiques. En effet, ils étaient souvent choisis pour être sacrifiés pour leurs cornes ; quant au lait qu'ils donnaient, il fut d'abord réservé aux prêtres et sa consommation fut étendue au reste de la population seulement plus tardivement. En Inde, la vache demeure sacrée encore de nos jours, mais pratiquement toutes les religions du monde gardent les traces du culte de certains animaux. Dans l'ensemble, l'homme a su domestiquer environ une cinquantaine d'espèces d'animaux sauvages sur les cent mille existantes.

Chez l'homme, on constate deux instincts contradictoires : l'un le pousse à vagabonder de par le monde, l'autre à se fixer dans un lieu donné. Le premier se manifesta très tôt car, au fur et à mesure que l'homme rassemblait des troupeaux d'animaux domestiques, il fallait envisager des déplacements continuels pour trouver de nouveaux pâturages. Mais rapidement, en opposition avec ces peuplades nomades, on vit apparaître aussi des populations sédentaires. Ces hommes, qui s'attachaient aux régions où ils avaient passé suffisamment de temps pour y apporter quelques modifications personnelles, avaient tendance à y rester en cultivant la terre, en récoltant les fruits et s'organisant ainsi en communautés. Ces groupes de sédentaires s'installaient le plus souvent à l'embouchure des fleuves ou dans des régions fertiles et riches en eaux.

Or, si les sédentaires produisaient, les nomades venaient souvent s'emparer du fruit de leurs efforts par des attaques armées. Ceci semble avoir été le cours de l'histoire dès les époques les plus lointaines et bien que cela puisse paraître injuste, ce mécanisme a favorisé le développement de la civilisation et permis le métissage des produits et des cultures. Les hommes se sont ainsi retrouvés unis malgré eux, alors que consciemment chaque groupe rejetait les autres avec l'intolérance de ses préjudices. Le groupe était uni par la langue commune, celle-ci devenant de plus en plus complexe avec les progrès de la civilisation ; parallèlement, des traditions et des coutumes partagées bâtissaient un système religieux particulier, notamment en matière de sépulture. Le plus souvent, chaque communauté développait de véritables tabous vis-à-vis de la manière particulière de manger et de s'habiller des autres groupes. Par ailleurs, les prêtres avaient tendance à s'opposer à toute tentative d'innovation et à se battre contre tout relâchement de ce système rigide et exclusif. Dans les fertiles vallées fluviales et dans les embouchures des fleuves, fleurissaient les arts et la littérature et toute sorte d'industrie, sans oublier la musique et autres moyens de satisfaire les besoins de l'esprit, mais l'homme avait tendance à devenir paresseux et égoïste, cherchant toujours à obtenir un résultat maximal d'un effort minimum. Les peuples nomades qui transitaient par ces communautés, faisaient parfois office de marchands permettant les échanges entre les différents centres sédentaires ; ils enviaient les conditions de vie qu'ils y trouvaient, conscients d'être suffisamment forts pour s'y imposer, même s'ils étaient considérés comme inférieurs par les peuples sédentaires.

Une civilisation ne peut être jugée sur la seule base de ses résultats concrets, mais aussi sur celle de ses valeurs morales. Vus de l'extérieur, les nomades n'ont pas évolué autant que les peuples sédentaires et le plus souvent ils ont été méprisés et considérés comme des barbares. Malgré cela, ils ont su développer des qualités qui leur ont permis de se montrer bien en avance sur ceux-là mêmes qui les dénigraient. Leur façon de vivre exigeait d'eux une très grande discipline, de l'ordre et du courage, la force de supporter le froid et la chaleur, la faim et la soif, mais aussi une très grande fidélité à la tribu et une véritable dévotion pour leur chef. Ces qualités leur assuraient une victoire aisée sur des communautés affaiblies par des conditions de vie plus faciles et c'est ainsi que les races et les cultures tribales se mélangeaient en permettant la circulation constante de toutes les richesses de l'homme. Les produits de la civilisation séduisaient rapidement les conquérants barbares qui finissaient par adopter à leur tour des habitudes sédentaires et affinaient leurs mœurs. De cette manière, tout ce qui constituait un progrès par rapport au passé était conservé et transmis.

Aujourd'hui, sauf chez les tribus primitives, les agriculteurs ne prennent plus les armes contre les prédateurs ni contre les étrangers indésirables. Les États, en revanche, continuent de s'armer pour défendre leurs frontières et ne se reconnaissent de devoirs qu'envers leurs propres populations. Ils ignorent que l'humanité est une, ou ils commencent tout juste à le reconnaître à contrecœur. Jusqu'à présent, c'est donc la violence qui a permis le mélange des races : les guerres, les conquêtes, les mouvements migratoires et de colonisation provoqués par la surpopulation, le commerce et l'exploitation des richesses minières, voire le simple goût de l'aventure qui aujourd'hui encore fait de certains individus d'infatigables risque-tout, prêts à relever tous les défis. La stagnation s'est toujours traduite par la mort, c'est pourquoi les peuples ont toujours été en mouvement comme si, en fin de compte, les conquêtes constituaient toujours, d'une manière ou d'une autre, un enrichissement tant pour les conquérants que pour les peuples assujettis et plus généralement pour l'humanité tout entière.

Si un jour l'unité entre les hommes était enfin atteinte – ce qui dans la nature est un fait – elle pourra l'être seulement grâce à un système d'éducation permettant d'apprécier à leur juste valeur les fruits de la collaboration entre les hommes, un système qui nous pousse à nous défaire de bon gré de nos préjudices pour privilégier l'intérêt du travail commun et réaliser le Plan cosmique qui traduit la volonté divine dans les aspects les plus concrets de la création. On entend souvent parler – vainement, dans la plupart des cas – d'organisation mondiale ; il serait plus juste d'employer le mot « organisme ». Le jour où l'on reconnaîtra que le monde est un organisme vivant, ses fonctions vitales pourront se déployer plus librement et le monde pourra prendre consciemment possession de son héritage. Ce sera le jour vers lequel « la création tout entière a avancé en gémissant et en travaillant » jusqu'à présent.

Les religions et les langues séparent les hommes, tandis que les arts, les sciences et les produits de l'industrie les unissent. Là où des croyances fortement enracinées existent, il est difficile d'introduire un changement, et une langue est difficile à transmettre car elle s'incarne dans le peuple qui la parle. Grâce à une langue commune, les individus d'un groupe donné finissent par trouver des accords, ce qui est impossible avec des étrangers. Cela ressemble bien à une voie sans issue, car un peu partout les langues locales sont revendiquées et défendues avec une vigueur extrême, et pendant que les religions ne semblent pas prêtes à vouloir se fédérer, les plus prudents considèrent comme encore plus dangereux de cultiver délibérément l'athéisme.

La réponse à tous ces aspects contradictoires réside en une éducation appropriée : aucun autre moyen, ni politique ni social, n'est en mesure d'obtenir un résultat quelconque sur ce plan. Pour éveiller les esprits, il faut quelque chose de sacré et de profond, c'est pourquoi il est important de susciter un sentiment et un enthousiasme profonds pour la sainte cause de l'humanité chez les enfants de notre monde civilisé. Dès lors, nul besoin d'enseigner la religion – qui par ailleurs est impossible à enseigner – car le respect révérencieux pour la vérité, intérieure comme extérieure, s'épanouira naturellement et librement. Quand il y aura une meilleure compréhension réciproque des fins ultimes de l'humanité, la barrière des langues tombera sous la poussée des forces économiques liguées contre elles.

12
L'homme qui crée et qui découvre

Si notre imagination nous a permis de reconstituer le passé de notre planète et de ses habitants, nous le devons aux découvertes d'un certain nombre d'hommes de génie. Ces découvertes ne sont pas le fruit de l'intelligence seule sans autres formes d'aide, mais bien de celle-ci avec le soutien de la science organisée. L'homme cultivé d'aujourd'hui est supérieur à l'homme à son état naturel car il est doté d'instruments d'une puissance bien plus grande que ceux que la nature lui offre. Il dispose du télescope et du microscope qui étendent sa faculté de voir, et peut se fonder sur les résultats des recherches que les mathématiciens, les physiciens et les chimistes ont accumulés au fil des siècles, en cherchant à percer les secrets de la nature grâce au pouvoir magique de l'intelligence humaine. L'homme se montre ainsi en toute sa grandeur, supérieur aux plantes et aux animaux, créateur et transformateur, explorateur de la terre et de l'univers qui l'entoure, capable même de remonter le temps pour enquêter sur ce qui depuis longtemps a cessé d'exister.

Quel que soit l'objet de notre intérêt et de notre étude, il nous renvoie aux millions d'hommes qui ont travaillé et peiné, souvent en souffrant de la faim, pour surmonter des obstacles qui empêchaient la compréhension et pour nous transmettre des connaissances sans qu'à notre tour nous soyons obligés d'affronter les mêmes obstacles pour les posséder. Chaque chose est le produit de l'esprit humain et en ce qui nous concerne nous avons l'ambition d'incarner ces fruits dans l'éducation, comme un trésor de richesses transmis par l'homme. Il est donc de notre devoir d'admirer – et de faire admirer à nos enfants – tous ces pionniers connus et inconnus, animés par la flamme qui a éclairé le chemin de l'humanité.

La plupart des gens hésitent à accepter les nouveautés : les chercheurs eux-mêmes progressent lentement dans le monde de la pensée et regardent avec hostilité toute idée nouvelle qui menace les certitudes établies. Aussi bien mentalement que physiquement, les hommes sont paresseux, désireux seulement de jouir de la vie. Ce qui nous fait admirer d'autant plus ceux qu'une force intérieure pousse à l'action au risque de leur santé, de leur bonheur et de leur vie même.

Les Grecs, il y a plus de deux mille ans de cela, avaient déjà réalisé de grandes choses dans les domaines de l'art et de la littérature, et étaient extrêmement cultivés pour leur époque. L'un d'entre eux, un poète, se dit un jour qu'il ne pouvait croire sur parole à tout ce que l'on disait sur les peuples barbares hors des frontières de son pays – par exemple que les habitants des régions du Nord dormaient six mois d'affilée dans l'année et que ceux du Sud étaient tous chauves. Il décida ainsi de se mettre en voyage et d'aller vérifier personnellement le bien-fondé de ces affirmations. Ses amis les mirent en garde contre les dangers auxquels il s'exposait : il y avait, disait-on, des géants mangeurs d'hommes, des sorciers, des mers inconnues et mille autres pièges de la nature. Mais notre homme ne se laissa pas dissuader : pour que sa vie ait un but, il devait faire ce voyage. Il partit sur un petit bateau à voile et à rames ; ses amis pensèrent qu'ils ne l'auraient plus jamais revu. Pourtant, il fut de retour dix-sept ans plus tard et les gens se pressèrent autour de lui anxieux de l'interroger. Avait-il vu le cyclope – un géant doté d'un seul œil au milieu du front – ou un homme capable de dormir six mois d'affilée ? Que savait-il des centaures et des sirènes ? L'homme répondit qu'il avait vu non pas ces choses-là, mais d'autres différentes et encore plus merveilleuses, et des hommes à peu près semblables à lui dans tous les pays, qui mangeaient et dormaient et s'habillaient d'une manière très proche de la sienne. Il avait vu Babylone, une ville merveilleuse avec des maisons à trois étages et des jardins suspendus, des femmes parfumées et des philosophes très savants ; puis la Perse, où l'on adorait un seul dieu au lieu de plusieurs, où l'on s'embrassait en se croisant dans la rue et où l'on enseignait aux enfants à lire, à tirer à l'arc et à dire toujours la vérité.

Le voyageur, qui s'appelait Hérodote, écrivit toutes ces choses et bien d'autres encore dans un livre à lire à ses amis. Aujourd'hui, on le surnomme le « Père de l'Histoire », car ce fut le premier livre du genre.

Alexandre le Grand, grec lui aussi, fut un autre grand voyageur de l'Antiquité. Il fonda Alexandrie d'Égypte et de nombreuses autres villes qui prirent son nom. Alexandrie devint le siège d'une très grande université dont le recteur fut aussi un grand explorateur, même s'il le fut dans un tout autre domaine. Son but était d'explorer le monde par son intelligence, en apportant un nouvel éclairage sur des sciences telles que l'astronomie et les mathématiques. Lors d'une éclipse, en observant l'ombre portée de la terre sur la lune il comprit par exemple que notre planète est une sphère, ce qui lui permit, en divisant le cercle par 360, d'en calculer les dimensions. Il découvrit en effet que lorsque le soleil était à pic sur Assouan, qui se trouve sur le même méridien qu'Alexandrie, il formait un angle de sept degrés avec le zénith. Connaissant la distance entre Assouan et Alexandrie – cinq mille stades environ – et en faisant les calculs nécessaires il put trouver la circonférence de la terre. Ératosthène, tel était son nom, était grec aussi et vécut aux alentours de l'an 200 avant J.-C. Dans les mêmes années, un Égyptien du nom de Ptolémée réalisa une carte géographique de toutes les terres connues à l'époque, comprenant une grande partie de l'Asie et de l'Afrique, et tous les pays méditerranéens de l'Europe.

Aujourd'hui encore, nous avons parmi nous de grands découvreurs. Il y a à peine vingt-cinq ans (N.d.T.), le président du Muséum d'histoire naturelle de New York eut l'intime conviction que l'exploration du désert de Gobi, en Asie centrale, aurait permis la découverte de précieux fossiles d'animaux préhistoriques. À l'époque on rit de lui, prétextant qu'une telle expédition serait un véritable gâchis d'argent et d'énergie, mais il tint bon et organisa le voyage. La direction fut assurée par M. Anderson, conservateur du musée, qui dans le passé avait déjà dirigé une expédition dans les mers arctiques pour y étudier la vie des baleines ; il nourrissait une véritable passion pour ces entreprises de pionniers. Il fut accompagné par dix hommes qui croyaient en lui et dans le succès de l'expédition. Arrivés à Pékin, ils s'équipèrent

(N.d.T.) Vers 1918, donc, puisque le texte de Maria Montessori date de 1943.

de trois voitures ; encore une fois, tout le monde s'efforça de les dissuader en les mettant en garde contre les terribles tempêtes du désert, la chaleur étouffante de la journée, le froid rigoureux de la nuit et, bien sûr, l'isolement absolu dans lequel ils se seraient trouvés et qui aurait rendu impossible toute forme d'aide ou d'assistance. De plus, comment pouvaient-ils imaginer qu'il existe des restes fossiles de reptiles amphibiens sur un plateau aussi élevé et éloigné de la mer ? Mais rien ne put arrêter les hommes de l'expédition : armés de quelques fusils, dans un premier temps ils purent se joindre au voyage d'autres caravanes, mais dès qu'ils mirent le cap sur les terribles régions intérieures encore inexplorées, ils furent seuls. Personne ne croyait que ces fous auraient survécu et seraient un jour revenus. Persévérant pourtant au milieu de difficultés indescriptibles, ils commencèrent à creuser le sable dans un désert qui semblait sans fin par son immensité et par sa monotonie. Puis, vint le jour où ils trouvèrent enfin le premier fragment d'os : ils dansèrent de joie autour de leur trouvaille car ils tenaient là la preuve que leur confiance était justifiée. Avant leur retour, ils trouvèrent des preuves nombreuses de leurs théories, car dans la région avaient vécu jadis des centaines de dinosaures ! Une autre découverte capitale fut celle d'un grand nombre d'œufs, ce qui donnait des indications on ne peut plus claires sur le mode de reproduction de ces reptiles. Pendant les fouilles, ils furent parfois confrontés à des ossements gigantesques, grands comme des colonnes, qui avaient dû appartenir à un mammifère d'une taille impressionnante. Plus tard, ils trouvèrent aussi d'autres ossements du même animal, puis enfin les jambes en position droite, ce qui indiquait que l'animal avait dû mourir englouti par les sables mouvants.

Ils avaient donc un butin riche et abondant à rapporter à New York et étaient très satisfaits de leur mission, même s'ils n'en tireraient pas la moindre récompense matérielle. Ils avaient remporté une grande victoire morale et apporté une contribution importante à la somme des connaissances humaines. Pourtant, ils étaient encore nombreux à les croire fous d'être allés fouiller dans le désert et de se réjouir d'en avoir rapporté de vieux os !

En ce qui nous concerne, nous ne cultivons pas l'admiration pour ces explorateurs du passé ou des temps modernes pour les récompenser par notre gratitude : ils sont bien au-dessus de cela. Notre but est d'aider l'enfant à prendre conscience du rôle important joué par l'humanité et aussi de celui qui lui reste à jouer, car le fait même de comprendre cela, élève l'esprit et nous rend plus lucides. L'histoire doit être vivante et dynamique, elle doit susciter l'enthousiasme et détruire toute forme d'égocentrisme intellectuel, de paresse et d'égoïsme. Depuis deux mille ans on nous apprend « Aime ton prochain comme toi-même » sans que nous n'ayons fait le moindre progrès dans ce sens, car se limiter à prêcher ne sert à rien. Généralement les idées nobles et élevées sont enseignées à travers les arts et la littérature, des expressions de l'âme humaine impossibles à saisir par l'esprit de l'enfant. Au contraire, l'histoire des conquêtes humaines est concrète et réelle, un témoignage vivant de la grandeur de l'homme. Il est simple alors d'émouvoir les enfants à l'idée que des millions de personnes comme eux se battent physiquement et moralement pour résoudre les problèmes de la vie et que chacun apporte sa contribution, même si, vraisemblablement, la solution du problème sera trouvée un jour par un seul homme.

Dans le domaine de la pensée comme au cours des ères géologiques, pour qu'un changement puisse survenir il faut préparer l'environnement. Une fois que l'environnement intellectuel est prêt, dans cette atmosphère mentale favorable on peut assister à des découvertes qui sont le résultat de l'organisation de plusieurs intelligences. Le point de cristallisation de centaines d'intelligences s'opère dans la personne d'un seul individu qui exprime quelque chose d'extrêmement utile ou réalise une découverte nouvelle. Sauf en poésie, les pionniers s'appuient toujours sur les découvertes de leurs prédécesseurs ; le présent se tient sur le passé, comme une maison sur ses fondations. L'homme est allé bien au-delà de la nature dans l'œuvre de la création, mais il n'aurait pas pu le faire s'il n'avait accepté et ressenti l'idée d'un Dieu qui n'a ni pieds ni mains, et qui marche pourtant d'un bout à l'autre de l'univers, l'univers qu'il a créé et qu'il continue de façonner à travers les hommes et de multiples autres agents.

Pour ses besoins, l'homme n'est plus limité à l'usage de ses seules mains, car aujourd'hui il dispose des machines. Il est donc avantagé par rapport à la nature. Sa vie est plus pleine et plus grandiose qu'elle ne l'a jamais été auparavant, et les enfants doivent y être préparés. Le principe fondamental de l'éducation consiste à mettre toutes les matières en relation entre elles, sachant que toutes trouvent leur centre dans le Plan cosmique.

13
Les premières grandes civilisations

Cela fait relativement peu de temps que la recherche historique s'aide des connaissances scientifiques ; parmi les premières conséquences de cette collaboration, les dates supposées des premières formes d'organisation sociale ont dû être reculées sans pour l'instant pouvoir être fixées précisément. Il est surprenant de voir à quel point l'humanité semble avoir eu, depuis toujours, des centres de civilisation relativement évolués, quelle que soit l'époque étudiée et pour barbares qu'aient été la plupart de ses habitants. Les chercheurs sont aujourd'hui contraints de reconnaître un fondement de vérité à de nombreux mythes et traditions, jusque-là considérés sans valeur.

La révision de la chronologie a été particulièrement importante en ce qui concerne les traditions orientales. Ces dernières années, en effet, il était courant de considérer la civilisation comme un produit purement occidental et seulement vaguement en relation avec des centres ancestraux implantés en Orient. Pourtant, les grands savants indiens ont toujours soutenu que leurs documents écrits et leurs ouvrages philosophiques étaient bien plus anciens que les nôtres. Le plus souvent, de telles affirmations se heurtaient à l'incrédulité dédaigneuse des chercheurs occidentaux ; aujourd'hui, elles ont trouvé suffisamment de confirmations pour contraindre l'Occident à regarder ces œuvres avec respect, si ce n'est à les accepter sans réticences. Une chose est sûre : un certain nombre de civilisations très évoluées ont fleuri en Asie bien avant qu'en Europe et en Égypte, sachant que les unes comme les autres sont issues d'une civilisation encore plus ancienne qui avait vu le jour sur un continent aujourd'hui disparu.

Les chapitres précédents ont montré à quel point la terre a subi des transformations fréquentes grâce à l'action de ses agents naturels, selon un plan préétabli. Il y a de cela soixante-quinze mille ans environ, l'une de ces transformations provoqua de terribles inondations en submergeant un continent entier sous les eaux de l'océan Atlantique. De ce continent appelé Atlantide, seule une île du nom de Poséidonis resta, mais elle fut engloutie à son tour au Xe millénaire avant J.-C., comme le relate Solon – l'un des Sept Sages de la Grèce antique – qui le tenait des grands prêtres égyptiens. Ces cataclysmes qui eurent pour effet de changer si radicalement la face du monde occidental, changèrent tout aussi radicalement l'Asie en provoquant l'engloutissement d'une grande partie de l'ancienne Lanka, au sud de l'Inde, et en élevant le niveau de l'Himalaya et du grand plateau central asiatique. Mais contrairement à ce qui était arrivé en Atlantide, en Asie la vie demeura et ses civilisations fleurirent merveilleusement, alimentées par des vagues successives d'émigrants venus d'Atlantide : ceux-ci auraient pu fuir leur continent à la suite d'oracles et autres avertissements de leurs prêtres, ou bien plus simplement migrer dans l'un des courants colonisateurs habituels. La tradition décrit la population d'Atlantide comme aventurière et colonisatrice, ayant fondé un empire riche et puissant. Leur civilisation survécut longtemps en Égypte et au Pérou, mais aussi dans de nombreuses régions d'Asie, où elle s'est toujours nettement distinguée de la plus tardive civilisation aryenne.

En Europe, dès que les grandes plaines marécageuses se furent asséchées, des vagues successives de populations arrivèrent d'Asie pour les occuper, certaines en passant par le Caucase et les côtes de la Méditerranée, d'autres en choisissant une route plus au nord. Ces peuplades semblaient contraintes de quitter leurs terres natales – où elles avaient vu le jour environ vingt mille ans avant J.-C. – vraisemblablement en raison d'une très grande sécheresse qui y rendait la vie de plus en plus difficile ; on pense, en effet, que c'est dans les régions en question que par la suite se forma le désert de Gobi. Ceux qui n'avaient pas choisi d'aller en Europe ou en Afrique, descendirent vers le sud, en Perse et en Inde, en faisant de ces terres l'Aryavarta, au fur et à mesure qu'ils pénétraient et gagnaient les États atlantides en soumettant des populations désormais corrompues par une civilisation trop raffinée : les Raksasa des fables indiennes anciennes.

L'Inde devint ainsi la plaque tournante des civilisations, des plus anciennes aux plus récentes, mais aussi un lieu de conflits pour ces civilisations profondément différentes. L'Inde, toutefois, finit par atteindre une très grande tolérance au sein d'une structure sociale unie, grâce à l'action de ses chefs, de ses saints et de ses philosophes. Les érudits ne s'accordent pas encore tout à fait sur l'époque exacte à laquelle le divin Krishna conduisit le char d'Arjuna sur le champ de Kuruksetra, ni sur celle où le magnifique roi Rāma se battit contre Rāvana pour libérer sa belle épouse Sîtâ ; toutefois, rares sont ceux qui nient encore le fondement historique de ces événements.

Nous disposons en revanche de renseignements plus précis sur la vie du Bouddha – le noble Gautama, dont les disciples constituent aujourd'hui une des plus grandes religions du monde – comme aussi au sujet des philosophes hindous Sri Sankarâchârya et Sri Ramanujâchârya qui conduisirent la civilisation indienne à un niveau de spiritualité inégalée. Isolée pendant longtemps, privée des échanges bénéfiques avec les autres populations aryennes, au cours des derniers siècles, l'Inde a vu des peuples marchands et conquérants s'installer sur ses terres, avec autant de bénéfices pour elle que pour lesdites populations. En effet, la civilisation musulmane a enrichi la vie de la nation en donnant au pays l'un des plus sages de ses gouvernants en la personne de l'empereur moghol Akbar. Plus tard, la domination anglaise aurait apporté les courants de la pensée moderne occidentale en contribuant ainsi à l'éveil de l'activité politique de la nation.

Dans l'Antiquité, des institutions religieuses dites « mystères » jouaient le rôle des universités formant les plus grands penseurs et tissant de véritables réseaux d'échanges entre les pays. Les plus importants d'entre eux se trouvaient en Inde, à Babylone et en Égypte ; plus tardifs, les mystères grecs d'Éleusis en furent une dérivation. La tradition veut que le centre originel en ait été l'Atlantide de l'âge d'or, sa plus haute époque, et que le druidisme de Bretagne et du pays de Galles tirent aussi leurs connaissances de cette même source. Le grand penseur grec Pythagore séjourna à Babylone et en Inde pour y apprendre la science des mages et des brahmanes.

La Chine, autre centre de civilisation asiatique extrêmement ancien, au bout de très nombreuses années de terribles conflits, attire aujourd'hui l'attention des chercheurs sur ses secrets de jeunesse et de beauté éternelles. Pour l'instant, les fouilles archéologiques n'y ont pas été nombreuses et il est impossible, à l'heure actuelle, d'établir la date des origines de sa civilisation. Toutefois, chaque trace retrouvée de son histoire témoigne sans faille d'une civilisation très évoluée. L'erreur commise par les Chinois a été probablement celle d'être bien trop fiers du niveau de perfection atteint et de se refermer sur eux-mêmes dans un isolement dangereux, évitant tout contact avec l'extérieur. Une attitude tout aussi fatale pour les communautés humaines que pour les espèces animales, comme nous avons pu le constater.

On considère que le peuple chinois, Touraniens comme Mongols, est originaire d'Atlantide. Certains le relie aux Akkadiens d'Asie Mineure, chassés de Mésopotamie par les Sémites. Nul ne sait à quelle époque remontent l'art de l'imprimerie et autres remarquables inventions chinoises comme la boussole, que les Européens devaient adopter de longs siècles plus tard. Le grand sage Lao-tseu, contemporain du Bouddha, fonda le taoïsme qui se répandit largement en Chine en même temps que le bouddhisme et finit par se fondre avec lui. Toutefois, la civilisation et les coutumes chinoises sont surtout imprégnées de l'enseignement de Confucius, un autre sage et philosophe chinois ayant vécu aussi au VIe siècle avant J.-C., qui est l'auteur des principaux textes classiques chinois et auquel le plus grand nombre voue un véritable culte encore aujourd'hui.

Au XIIIe siècle de notre ère, un voyageur vénitien du nom de Marco Polo fit découvrir aux Européens la richesse et la puissance de l'Empire céleste ; depuis lors, de nombreux produits et inventions nous sont arrivés de Chine, parmi lesquels l'imprimerie, le travail de la soie, des thés très prisés et la poudre explosive. Si l'ouverture de ses frontières a été forcée par les échanges commerciaux, la Chine, malgré de nombreuses vicissitudes, a su conserver son intégrité spirituelle.

14
L'Égypte à travers les âges

Avec quelques rares périodes d'obscurantisme, la civilisation égyptienne s'est épanouie du paléolithique jusqu'à nos jours, et a jeté les fondements – à travers la Grèce – d'une grande partie de la civilisation européenne. Grâce à sa position centrale et à sa richesse en ressources naturelles – notamment par les dons apportés par le Nil en abondance –, l'Égypte était le pays idéal pour devenir le centre de diffusion de la civilisation ; à cet effet, il présentait aussi l'avantage d'être le dépositaire de nombreuses connaissances dans les domaines de l'art et de la science, héritées des peuples du continent disparu. De plus, les Égyptiens faisaient preuve d'une grande aptitude à la colonisation, se montrant capables d'exporter leur mode de vie ; en effet, ils étaient dotés d'une intelligence créative capable d'inventions susceptibles d'être adoptées par d'autres peuples.

L'une de ces inventions eut une importance capitale pour l'humanité et fut, comme toujours, le résultat d'une série de découvertes successives. Les inondations périodiques du Nil laissaient derrière elles une terre fertile où la végétation poussait luxuriante. Il semble donc qu'à un moment donné un agriculteur ait eu l'idée de creuser des canaux pour porter plus loin les eaux fécondantes. Cela marque le début des systèmes d'irrigation imités, par la suite, par tous les peuples vivant dans le bassin d'un fleuve dans des conditions similaires, notamment en Mésopotamie. Le cuivre est une autre des grandes inventions des Égyptiens. Sur les rives du Nil, au moment de la décrue des eaux, là où l'eau tourbillonnait dans des étendues stagnantes riches en algues, venait se déposer une substance verdâtre. Les Égyptiens appréciaient particulièrement la couleur verte, considérée comme porteuse de vie, et s'en peignaient volontiers le visage pour s'assurer la longévité. Ayant donc trouvé la malachite – car c'est bien de cela qu'il s'agissait –, ils en firent une mouture pour la mélanger à des matières grasses et en tirer des onguents pour la peau. Pour mieux la mélanger, ils firent chauffer la composition : en fondant, les matières grasses laissèrent un dépôt solide, le cuivre. On commença donc à utiliser ce nouveau matériau pour en faire colliers, vases et ornements divers, en les produisant en quantité. Bien que très coûteux, les vases en cuivre ciselé présentaient l'avantage d'être incassables et étaient donc très prisés. On commença l'exploitation minière à la recherche de la malachite. Rapidement, les Égyptiens furent en mesure de produire aussi le cuivre jaune et de fabriquer, avec ce nouveau matériau, des instruments musicaux à cordes. Les artisans égyptiens étaient réputés pour leur savoir-faire inégalé et exerçaient leur métier avec passion. Dans l'Égypte ancienne, même les lits étaient d'une très grande beauté, avec leurs pieds façonnés en forme d'animaux et des marches sculptées pour faciliter l'accès de la couche ; notons, toutefois, que loin d'avoir découvert le confort des oreillers ils utilisaient à la place de durs repose-tête en bois. Cela se passait vers l'an 4000 avant J.-C. Les Égyptiens disposaient aussi de chaises, de tables, de miroirs aux formes exquises, de cuillers en ivoire sculpté. Les femmes avaient coutume d'orner leurs coiffures de peignes artistiques. L'âme de l'Égypte trouvait ainsi dans la beauté sa plus haute expression. Les Égyptiens avaient coutume d'enterrer avec leurs morts les bijoux, les instruments de musique, les outils agricoles et les statuettes des esclaves du défunt, car ils étaient persuadés que ces derniers ressusciteraient dans l'au-delà pour continuer à servir leur seigneur comme ils l'avaient fait toute leur vie durant. Les corps des défunts étaient conduits en procession sur le Nil à bord de trois embarcations ; la première transportait les prêtres et la famille avec le sarcophage ou le cercueil ; la deuxième transportait les pleureuses professionnelles, engagées pour le rite ; la troisième était chargée des denrées alimentaires et des objets précieux à enterrer avec le défunt. Une fois atteinte l'autre rive du fleuve, la caisse était transportée dans le tombeau tirée par des bœufs et des taureaux sacrifiés lors de la cérémonie funéraire. Les parois des tombeaux conservent encore de nombreuses inscriptions de textes sacrés ; plus tard, ils seraient transcrits sur des rouleaux de papyrus puis recueillis dans le célèbre Livre des Morts que les chercheurs ont réussi à déchiffrer. Nous savons aujourd'hui à quel point ce culte particulier des morts s'est révélé précieux pour les historiens, mais il est intéressant de noter qu'il n'y a pas eu la moindre intention dans ce sens de la part de ses auteurs, pas plus que les arbres du carbonifère n'ont cherché à être ensevelis pour constituer, à terme, les réserves de charbon naturel fossile.

Pour embaumer leurs morts, les Égyptiens faisaient usage d'un grand nombre d'herbes et d'épices rares, outre les pierres et les métaux précieux nécessaires pour parer leurs défunts. Pour la navigation, ils utilisaient deux types d'embarcations différentes – l'une pour le Nil, l'autre pour la mer – dont les voiles étaient ornées de broderies magnifiques. À bord de ces embarcations, ils purent naviguer le long des côtes de la Méditerranée et de la mer Rouge, jusqu'à atteindre la Somalie ; après avoir pénétré le golfe Persique, ils longèrent les côtes de la Syrie, sachant que par ailleurs ils étaient familiers d'Asie Mineure et des îles de la mer Égée.

Quant au peuple des Sumériens, ils occupaient les rives du golfe Persique. Une légende raconte que les dieux eux-mêmes, dissimulés dans le corps d'un gros poisson, leur avaient rendu visite pour leur apporter des connaissances extraordinaires, en repartant ensuite « à bord » du même poisson. Les Sumériens aussi fondèrent une civilisation raffinée, vraisemblablement aidés en cela par les Égyptiens. Il y a quelques années de cela, à Mohenjo-Daro, dans le nord-ouest de l'Inde, ont été découvertes les traces d'implantations sumériennes.

Les Égyptiens engageaient des mercenaires pour se battre à leur place et faisaient travailler des esclaves à la construction de leurs ouvrages ; le niveau d'évolution d'une civilisation ne se traduit pas forcément par un progrès sur le plan moral. Les pyramides et autres merveilles architecturales furent bâties par des esclaves, encadrés par des surveillants cruels et sévères. L'Égypte ancienne compte parmi ses gouvernants un pharaon qui fut aussi un grand réformateur dans le domaine religieux : persuadé que notre premier devoir consiste à chercher la Vérité et à vivre en elle, il proposa de purifier le culte et de le simplifier ; toutefois, impuissant face à l'opposition de grands prêtres bien plus influents que lui, il fut détrôné. L'Égypte perdait avec lui son unité et commençait son déclin.

Aujourd'hui, en étudiant l'histoire, il est impossible de négliger, voire de mépriser, les religions de l'Antiquité, car elles constituent une part importante de la psychologie humaine. Même les peuples les plus primitifs sont dotés d'une sensibilité religieuse qui les pousse à attribuer une âme à toutes les choses, animées ou inanimées qu'elles soient, aux arbres comme aux étoiles et au soleil. Regarder les choses avec les yeux de l'imagination permet de pénétrer les mystères de la nature. L'homme ne sait vivre sans religion et celle-ci s'est adaptée à chacun des stades du développement humain. Les Égyptiens de l'Antiquité adoraient de nombreuses divinités voilées d'un grand mystère ; le soleil était la plus importante d'entre elles, car on lui attribuait la création du monde et de l'homme, confiés tous deux à son fils le pharaon. On l'appelait Amon-Râ et c'était le dieu suprême, entouré de divinités mineures nombreuses. On racontait des histoires merveilleuses sur Isis et Osiris, divinités incarnées qui gouvernaient l'Égypte. Osiris fut trahi et tué par ses ennemis et Isis en chercha longtemps le corps démembré. Par la suite, Osiris régna sur les morts pendant qu'Isis et son fils Horus gouvernaient sur la terre. L'homme vivait sa vie terrestre sous les yeux de Râ, puis se présentait à Osiris pour en subir le jugement ; son cœur était alors posé sur une balance dont le contrepoids n'était autre que la Vérité. C'est pourquoi les Égyptiens avaient coutume de remplir de plomb le cœur de leurs défunts, espérant ainsi tromper le jugement d'Osiris.

Il va de soi que nous ne pouvons relater ici l'histoire complète de la civilisation égyptienne, mais seulement en évoquer les grandes lignes pour qu'elles servent de repère dans les études ultérieures. L'histoire moderne reconnaît une grande importance à la rencontre entre les peuples et au métissage, car ils permettent aux différents groupes de se fondre en de plus vastes communautés ; les nations commencent enfin à organiser l'unité de l'humanité. Le processus de mélange et de fusion a toujours été lent : la civilisation en est le produit. Les enseignants devraient étudier les origines, la position géographique et le développement de chaque groupe, comme aussi ses déplacements et ses relations avec les autres groupes, tout en gardant toujours présente à l'esprit l'histoire de tout un peuple plutôt que celle des individus. Quant à l'éducation des enfants, il est toujours possible de leur présenter ces événements sous une forme qui leur soit accessible.

15
La vie à Babylone et ses relations avec Tyr

La Mésopotamie, région baignée par le Tigre et l'Euphrate, a été le théâtre d'une civilisation presque aussi ancienne que celle de l'Égypte. De longs siècles durant, ces deux civilisations furent contemporaines et rivales, sachant que Babylone eut une histoire particulièrement tourmentée par les nombreuses invasions qu'elle eut à subir. Ensevelies dans le sable, les archéologues ont trouvé les ruines d'un grand nombre de villes, dont Ninive, non loin de Babylone, ancienne capitale du royaume. Au cours du dernier millénaire avant J.-C., la région fut dominée successivement par les empires chaldéen, assyrien et persan, car ses frontières étaient dépourvues de toute défense naturelle.

Dans son *Histoire de Babylone*, Rawlinson décrit cette grande ville telle qu'elle a dû être du temps du roi Nabuchodonosor, roi dont le nom reste gravé dans la mémoire des chrétiens en raison de sa citation dans les pages de la Bible. La ville était peuplée de gens en provenance du monde entier (en tout cas, de celui alors connu) : les dominateurs sémites avec leurs longues barbes et leurs robes fluides, les glabres Sumériens habillés de leurs cottes. Si les Sumériens subissaient la domination des conquérants sémites, ils en étaient néanmoins respectés en raison de l'ancienneté de leur culture ; ainsi, nombreux étaient ceux qui allaient consulter leurs sages, devins et astrologues le plus souvent. Les temples étaient les véritables centres de la vie citadine et les prêtres étaient riches et puissants.

L'architecture n'était pas aussi belle qu'en Égypte : les rues étaient étroites et les bâtiments faits de simples briques d'argile. Si l'on savait façonner le cuivre jaune, les objets en céramique étaient de qualité médiocre. De nombreux canaux furent construits par Hammourabi, légendaire fondateur de l'empire qui laissa derrière lui un *Code* législatif protégeant les femmes et les plus pauvres, notamment. Ces lois et autres écrits ont été retrouvés gravés sur des stèles d'argile utilisées en guise de livres ; après avoir imprimé les caractères dans l'argile molle avec un outil pointu, la tablette était mise à sécher au soleil en conservant ainsi la gravure des textes. Les fouilles archéologiques ont reporté à la surface des milliers de tablettes de ce type ; dans son palais, Nabuchodonosor en possédait une bibliothèque entière.

Les Babyloniens étaient un peuple pacifique qui face à une armée d'agresseurs préférait souvent la fuite, pour revenir aussitôt sur les lieux et reconstruire ce qui avait été détruit. À l'époque, la ville était très peuplée et cernée de murailles de dix mètres de haut, suffisamment larges pour permettre à quatre chevaux côte à côte de les emprunter ensemble. Longues de quinze kilomètres, ces murailles ne comptaient pas moins de cent portes, la plus belle étant consacrée à Ishtar, déesse de la guerre et de l'amour. Cette porte comptait six tours de bronze et d'or ornées d'émaux.

Une superbe avenue conduisait du palais du roi au temple de Mérodach, flanqué de gigantesques statues de taureaux et de lions en métal émaillé. Ces statues sont aujourd'hui conservées au British Museum. Lion et taureau sont deux des signes du zodiaque et symbolisent les constellations qui portent encore le même nom. Toutes les religions anciennes vouaient un véritable culte à ces signes.

Babylone commerçait non seulement avec l'Égypte, mais aussi avec la ville phénicienne de Tyr, dont les habitants naviguaient le long des côtes d'Europe et d'Afrique, poussant leurs explorations jusqu'aux îles britanniques. Le prophète Ézéchiel donne dans la Bible une très belle description de la ville, qui nous permet d'imaginer la vie à Babylone et en Égypte, outre celle de Tyr et de ses colonies. Ézéchiel prédit une très grande victoire que le roi Nabuchodonosor remporterait sur Tyr.

> Et toi, fils d'homme, prononce sur Tyr une complainte.
> Tu diras à Tyr, la ville installée au débouché de la mer, le courtier des peuples vers des îles nombreuses : Ainsi parle le Seigneur Yahvé.
> Tyr, c'est toi qui disais : « Je suis un navire d'une parfaite beauté. »
> En pleine mer s'étendaient tes frontières, tes constructeurs ont parfait ta beauté.
> En genévrier de Senir ils ont construit tous tes bordages.
> Ils ont pris un cèdre du Liban pour t'ériger un mât.
> De chênes du Bashân ils t'ont fait des rames.
> Ils t'ont fait un pont d'ivoire incrusté dans du cyprès des îles de Kittim.
> Le Lin brodé d'Égypte fut ta voilure pour te servir de pavillon.
> La pourpre et l'écarlate des îles d'Elisha te recouvraient.
> Les habitants de Sidon et d'Arvad étaient tes rameurs.
> Et tes sages, ô Tyr, étaient à bord comme matelots.
> Les anciens de Gebal et ses artisans étaient là pour réparer tes avaries.
> Tous les navires de la mer et leurs marins étaient chez toi pour faire du commerce. Ceux de Perse, de Lud et de Put servaient dans ton armée comme gens de guerre ; ils

suspendaient chez toi le bouclier et le casque, ils faisaient ta splendeur. Les fils d'Arvad et leur armée garnissaient tes remparts, tout autour, et les Gemmadiens tes bastions. Ils suspendaient leurs écus à tes remparts, tout autour, et contribuaient à parfaire ta beauté. Tarsis était ton client, grâce à l'abondance de toute sorte de biens. Contre de l'argent, du fer, de l'étain et du plomb, ils échangeaient tes marchandises. Yavân, Tubal et Méshek faisaient du commerce avec toi. Contre des hommes et des objets de bronze, ils échangaient tes denrées. De Bet-Togarma, on te livrait comme marchandises des chevaux, des coursiers et des mulets. Les fils de Dedân faisaient du commerce avec toi ; des îles nombreuses étaient tes clientes et t'apportaient en paiement les défenses d'ivoire et l'ébène. Edom était ton client, grâce à l'abondance de tes produits ; il te donnait des escarboucles, de la pourpre, des broderies, du byssus, du corail et des rubis contre tes marchandises. Juda et le pays d'Israël eux-mêmes faisaient du commerce avec toi ; ils t'apportaient en échange du grain de Minnit, du pannag, du miel, de l'huile et du baume. Damas était ton client, grâce à l'abondance de tes produits, à l'abondance de toute sorte de biens ; il te fournissait du vin de Helbôn et de la laine de Çahar. Dans et Yavân, depuis Uzal, te livraient en échange de tes marchandises du fer forgé, de la casse et du roseau. Dedân faisait commerce avec toi de couvertures de cheval. L'Arabie et tous les princes de Qédar eux-mêmes étaient tes clients ; ils payaient en agneaux, béliers et boucs. Les marchands de Sheba et de Rama faisaient du commerce avec toi ; ils te livraient les plus fins aromates, toutes sortes de pierres précieuses et de l'or comme marchandises. Harân, Kanné et Eden, les marchands de Sheba, d'Assur et de Kilmad faisaient du commerce avec toi. Ils faisaient commerce de riches vêtements, de manteaux de pourpre et de broderies, d'étoffes bigarrées et de solides cordes tressées, sur tes marchés.
Les bateaux de Tarsis naviguaient pour ton commerce.
Tu étais comblée et alourdie au cœur des mers.

Ainsi, le poète décrit la riche ville de Tyr, destinée à être humiliée par la puissance encore plus grande de

Babylone qui élargissait alors les frontières de son empire. Mais presque à la même époque, un autre prophète juif, Jérémie, dénonçait la corruption de Babylone et en prédisait la chute.

> Babylone était une coupe d'or aux mains de Yahvé, elle enivrait la terre entière, les nations s'abreuvaient de son vin, c'est pourquoi elles devenaient folles.
> Soudain Babylone est tombée, s'est brisée : huhulez sur elle !
> Prenez du baume pour son mal : peut-être va-t-elle guérir !

D'autres passages de la Bible racontent de quelle manière Nabuchodonosor fut condamné à la folie et relatent le banquet fatal où son fils vit les doigts d'une main apparaître pour écrire sur le mur que cette nuit-là même il aurait été privé de son royaume ! Et en effet, Babylone fut attaquée par surprise et l'empire partagé entre Darius des Mèdes et Cyrus le Persan.

Les Mèdes et les Persans étaient les peuples les plus forts et les plus courageux de la région ; toutefois, ayant abandonné le nomadisme depuis peu, leur civilisation était relativement peu évoluée. Ce sont eux pourtant qui le moment venu transmettront aux Grecs le flambeau de la civilisation.

16
Dignité et impudence

Un peu comme dans l'art culinaire, dans le Plan cosmique, plusieurs civilisations se mélangent en vue d'obtenir un résultat donné. Les différents ingrédients sont préparés séparément et avec soin, pour ensuite être cuits à feu doux jusqu'à atteindre les conditions optimales : dès ce moment seulement, ils peuvent être ajoutés au plat principal pour le parfumer de leur saveur particulière. Les événements marquants de l'histoire égyptienne furent peu nombreux et se vérifièrent dans la durée, ce qui permit à sa civilisation de s'étendre pacifiquement et aux choses d'évoluer petit à petit. Par la suite, la civilisation babylonienne s'ajouta à l'égyptienne, agissant un peu comme une sauce au goût relevé par des ingrédients très anciens – une pincée d'Hittites et de Scythes. Les Mèdes et les Persans, qui vinrent plus tardivement, transformèrent le plat. Au lieu d'un simple mélange, leur arrivée provoqua une transformation chimique qui produisit quelque chose d'uniforme et de nouveau, inexistant auparavant.

L'empire de Darius était somptueux et fabuleusement riche : des palais magnifiques ornaient Suse, Persépolis et Thèbes qui resplendissaient comme autant de capitales. Les Mèdes avaient été un peuple de montagnards, tandis que les Persans – dont les origines étaient proches des leurs – avaient été longtemps nomades comme les Scythes et les Hittites. Guidés par de grands chefs, à un moment donné les Persans firent preuve d'une grande force et s'enrichirent formidablement grâce aux butins remportés. Les uns comme les autres aimaient profondément la vérité et avaient un grand respect pour les lois, tant et si bien que l'on avait coutume de dire que chez les Mèdes et les Persans la loi était inviolable. Cyrus conquit Babylone et l'Égypte, en étendant son royaume à tous les pays alentours. Darius consolida l'empire en nommant les satrapes, ou gouverneurs, pour qu'ils gouvernent les territoires en son nom et y administrent la justice. Il fit construire de bonnes routes reliant l'Inde à la Grèce ; il fut très généreux et permit aux juifs captifs de Babylone de regagner Jérusalem et d'y reconstruire le temple que Nabuchodonosor avait fait détruire.

À Persépolis, même le lit du roi était d'une beauté extraordinaire ; sa partie supérieure était couverte d'une vigne rampante dont les feuilles et les fruits étaient en or ciselé. La garde du roi ne comptait pas moins de dix mille hommes et Darius mena la guerre contre les Scythes qui vivaient dans les montagnes entre la Caspienne et la mer Noire, dont la force et la cruauté étaient légendaires. Darius refusait de croire ce que l'on disait de ces géants – qu'ils avaient un seul œil et des pieds de bouc leur permettant de grimper sur les côtes les plus escarpées. Il prit donc la décision d'envahir leur pays et le conquit au bout de quatre années, en contraignant les Scythes à migrer au nord et à l'ouest en direction des steppes. De nombreuses inscriptions rupestres retrouvées à différents endroits célèbrent les conquêtes de Darius, roi des rois. L'une d'entre elles fut découverte en 1828 par Rawlinson sur une plaque de pierre de dix mètres de haut, dans la région montagneuse qu'il traversa dans son voyage vers l'Inde. Mais même le puissant empire de Darius était destiné à s'écrouler rapidement, car les vaillants Mèdes et Persans ne suffisaient pas à garder uni un royaume si vaste : il fallait nécessairement faire appel à des troupes étrangères pour défendre ses frontières.

Un jour Darius, roi des rois, dont les décrets étaient transmis dans le monde entier pour y être aussitôt observés, fut informé d'un incident apparemment insignifiant. L'un des villages d'une île grecque s'était révolté contre son autorité, aidé en cela par une peuplade, les Athéniens, sorte de vermine vivant au-delà de la mer Égée. Tant d'audace était à peine croyable et le puissant Darius ne fit pas grand cas de la chose. Il se limita à demander à ses courtisans de lui rappeler souvent le noms d'Athènes, pour que cette ville présomptueuse ne reste pas impunie ; pour l'instant des affaires bien plus importantes l'occupaient.

Mais qui étaient donc ces Grecs des îles et quelle était l'impudence de ces Athéniens osant défier la colère du roi, par leur intervention dans une affaire qui ne les concernait pas ?

Les informations les plus anciennes au sujet des Grecs – ou Hellènes – nous sont fournies par deux longs poèmes épiques, l'*Iliade* et l'*Odyssée*, attribués à un poète aveugle du nom d'Homère. L'*Iliade* raconte l'histoire d'une longue guerre qui avait vu s'affronter les princes grecs confédérés contre le roi de Troie, dont le fils s'était rendu coupable de l'enlèvement d'Hélène, la belle épouse du chef des Grecs. Grecs et Troyens étaient de la même race et une fois descendus du Caucase ils s'étaient installés sur les rives opposées de l'Hellespont (N.d.T.) ; Troie (Ilion) était l'implantation la plus ancienne. La ville de Troie finit par être vaincue et détruite et les Grecs victorieux reprirent leurs bateaux pour regagner leur patrie. Chemin faisant, ils vécurent de nombreuses aventures et affrontèrent de grands dangers, comme le relate l'*Odyssée* qui raconte les pérégrinations d'Ulysse (N.d.T.). Homme intelligent et astucieux qui avait largement contribué à la victoire sur Troie, celui-ci avait encouru la colère des dieux à cause de ses ruses ; c'est pourquoi il fit naufrage et endura de grandes souffrances avant de retrouver son épouse et sa patrie. Minos, roi de Crète, comptait parmi ses amis ; beaucoup de choses se disaient sur ce centre de civilisation. Surnommée « étoile des mers », Crète fut le point de départ d'où commença à se répandre en Occident une civilisation nouvelle, différente de celles d'Égypte et d'Asie. Les marchands crétois commerçaient avec l'Espagne, ce qui explique pourquoi, encore de nos jours, certaines danseuses espagnoles portent des costumes qui s'inspirent de la Crète de Minos, datant d'avant l'an 1500 avant J.-C qui vit la destruction du palais labyrinthique du roi. Récemment, les fouilles de Sir Arthur Evans ont permis de retrouver le somptueux palais de Crète qui abritait en son sein des commerces de toute sorte et ressemblait à un véritable labyrinthe. Selon les traces retrouvées, le palais semble avoir été abandonné soudainement pendant que des agresseurs détruisaient le reste de la ville. Selon certaines sources, les Crétois auraient migré en Toscane en apportant avec eux les arts

(N.d.T.) L'actuel détroit des Dardanelles.
(N.d.T.) Odusseus, en grec.

qui plus tard auraient fait la gloire de cette région de l'Italie.

Quant à la ville de Troie, elle a été découverte par l'archéologue allemand Heinrich Schliemann. Au début des fouilles, celui-ci fut surpris de constater que la ville ne correspondait pas à la description de l'*Iliade*, mais par la suite il découvrit que pas moins de neuf couches de villes étaient ensevelies les unes par-dessus les autres et que l'une d'entre elles était exactement telle qu'Homère l'avait décrite.

Ce furent les descendants de ces Grecs qui, au Ve siècle avant J.-C., provoquèrent la colère de Darius, et notamment les habitants d'Athènes, l'une des villes États indépendantes de l'Hellade. Le moment venu, le roi nomma l'un de ses meilleurs généraux pour conduire l'expédition punitive qui devait assujettir Athènes et ramener à Persépolis ses chefs en captivité. Mais l'issue de l'expédition ne fut pas celle que Darius espérait et le résultat infligea un coup encore plus dur à la fierté persane, car l'impossible se produisit : la petite souris eut le meilleur sur l'éléphant ! Outré, le roi était prêt à aller personnellement venger l'affront, mais une mort soudaine l'en empêcha et son fils Xerxès était loin d'avoir sa même stature de chef militaire. Pourtant, Xerxès apprêta une armée de deux cent mille hommes pour battre les cinq mille de la ville d'Athènes, et envoya une flotte extraordinaire par sa beauté et par sa puissance. Il commanda la construction d'un pont de bateaux sur l'Hellespont pour que ses soldats puissent « traverser à sec » et se fit installer un trône sur les hauteurs pour assister en direct au triomphe de son armée.

Athènes courait un grand danger et s'adressa aux autres États de la Grèce pour qu'ils l'aident à sauver leur patrie commune et leur liberté. Sparte envoya trois cents hommes défendre le défilé des Thermopyles : trois jours durant, ses vaillants soldats résistèrent à l'armée persane, mais un seul parmi eux rentra à Sparte vivant. Puis, les Persans firent irruption dans la ville d'Athènes pour la mettre à feu et à sang. Ce fut pourtant une victoire stérile, car les chefs athéniens avaient abandonné la ville pour jouer entièrement leur défense sur leurs navires. Dans le golfe étroit d'Athènes, les grosses embarcations persanes étaient en net désavantage et Xerxès subit l'humiliation de voir sa superbe flotte essuyer une dure défaite dans la bataille de Salamine et finir par s'enfuir dans le désordre.

Entre Grecs et Persans, la guerre devait se poursuivre encore de nombreuses années avec des issues diverses, car les Athéniens ne furent pas toujours aussi héroïques, et les Grecs ne surent renforcer dans la paix les liens qui les avaient unis à l'heure du danger. Quoi qu'il en soit, la flamme de la vie était entre leurs mains et leur civilisation allait progresser, pendant que celle des Persans déclinait inexorablement. Deux siècles plus tard, les Grecs auraient fini par envahir l'empire persan et par mettre à feu et à sang à leur tour la ville de Persépolis. Le flambeau de la civilisation était passé d'Asie en Europe.

Les Grecs montraient un nouvel idéal politique, celui de la liberté. Ils considéraient comme une aberration qu'un seul homme tienne les rênes d'un pays et que tous les autres lui obéissent. Les lois devaient être pensées dans le consensus général pour être respectées par tout le monde. Chaque citoyen grec était fort du respect qu'il avait pour lui-même : unis, ils devenaient invincibles, contrairement aux soldats de l'armée persane qui étaient tous enrôlés de force parmi les peuples assujettis. Les

Grecs se distinguaient aussi par leur intelligence et par leur amour pour les arts, les lettres et le théâtre. Ils attribuaient une grande importance à l'esthétique et à la santé du corps, et avaient coutume d'organiser des jeux gymniques.

17
L'esprit hellénique créateur de l'Europe

Les Athéniens bâtirent à nouveau leur ville et ses temples en consacrant toutes leurs richesses et qualités artistiques à la construction d'une architecture noble, expression de la dignité civique, se souciant peu du luxe privé de chacun. Pallas Athéna, la vierge déesse de la sagesse protectrice de la ville, incarnait leur idéal de perfection : le sculpteur Phidias fut chargé de réaliser une statue d'or et d'ivoire qui en exprime la beauté parfaite. Phidias, Praxitèle et leurs disciples ornèrent la ville de merveilleuses sculptures considérées encore aujourd'hui comme des modèles de perfection par leurs formes et leurs proportions corporelles. Les Grecs, qui attribuaient une valeur morale à la beauté physique, considéraient le soin et la santé du corps comme un devoir sacré. Des jeux gymniques solennels étaient organisés à l'occasion des fêtes religieuses et les couronnes de laurier qui récompensaient les vainqueurs de ces compétitions de force et d'agilité étaient aussi convoitées que celles en or massif.

Athènes se distinguait par sa liberté de penser. Un sage du nom de Socrate, fondateur d'une école philosophique, avait pour habitude de se promener parmi ses concitoyens en leur posant des questions qui les obligeaient à réfléchir ; il leur demandait, par exemple, comment pouvait-on attendre d'une statue d'or et d'ivoire qu'elle sauve la ville d'un danger imminent et pourquoi croyaient-ils si facilement aux paroles des prêtres, au lieu de penser avec leur propre tête. Au bout d'un certain temps, le conseil des citoyens se vit contraint d'intervenir et Socrate fut conduit devant un tribunal, accusé de corrompre la jeunesse. Au bout d'un long procès, les adversaires de Socrate eurent gain de cause et le philosophe fut condamné à boire la ciguë. Toutefois, le nombre de citoyens horrifiés à l'idée de condamner à mort un homme si sage fut si important, que Socrate fut secrètement informé qu'il lui aurait été permis de s'enfuir. Il refusa, en affirmant qu'Athènes avait le droit d'exiger sa mort et qu'il n'avait pas l'intention d'enfreindre ses lois en s'y soustrayant. Ainsi, il employa sa dernière journée de vie à discuter de questions philosophiques avec ses amis et but sereinement le poison qui lui fut apporté par un geôlier en larmes. Lorsqu'il lui fut demandé où il souhaitait être enterré, il répondit amusé que pour ce faire ils auraient d'abord à attraper son âme ; quant à son corps, ils pouvaient en faire ce que bon leur semblait.

Naissaient ainsi une pensée critique et une soif de connaissances dont le flambeau allait être repris par Platon, l'un des plus grands philosophes d'Athènes, par Ératosthène, qui démontra que la terre est ronde, et par Aristote qui fit de nombreuses expériences dans le domaine des sciences naturelles. Ces grands éducateurs – dont il serait bon d'appliquer les méthodes encore aujourd'hui – alimentèrent, au sein d'un petit cercle d'adeptes, une flamme qui allait embraser le monde entier. À Athènes, mais aussi dans d'autres villes grecques en moindre mesure, fleurirent aussi la littérature et le théâtre ; les tragédies d'Eschyle et d'Euripide servirent de modèles à celles de Shakespeare, et en règle générale la poésie et la littérature grecques furent imitées par les poètes latins, en influençant à travers eux l'Europe tout entière. En méditant sur les raisons pour lesquelles l'eau portait son corps, le célèbre inventeur Archimède découvrit les lois qui régissent les corps plongés dans un liquide, car il sut observer la réalité avec les yeux de son imagination. En utilisant des miroirs, ils sut aussi concentrer les rayons du soleil sur la flotte romaine qui assiégeait Syracuse, provoquant ainsi l'incendie des navires ennemis. Grand mathématicien, il étudiait les triangles quand des soldats romains firent irruption dans sa chambre pour le tuer.

Quant au royaume de Macédoine – que les Grecs considéraient hellénique seulement à moitié –, il acquit une grande puissance avec le roi Philippe II qui parvint à unir les États grecs sous son hégémonie dans le but d'organiser l'invasion de la Perse, leur ancien ennemi commun. En effet, la puissance persane aux portes de la Grèce continuait de constituer une menace, notamment du fait que les Hellènes étaient affaiblis par la longue guerre que Sparte et Athènes s'étaient livrée, avec la participation des autres États et des pertes considérables pour tout le monde. L'intervention de la Macédoine en avait été l'une des conséquences ; Philippe II avait revendiqué officiellement son appartenance à la grande famille des Grecs et avait eu l'intelligence de confier l'éducation de son fils Alexandre au philosophe Aristote. Les Grecs finirent ainsi par trouver un accord avec lui et acceptèrent de se battre sous ses ordres contre la Perse, à condition que la liberté et l'indépendance de chaque ville soient respectées.

Philippe II de Macédoine fut un grand général qui excella dans l'art de la guerre grâce à l'utilisation de son invincible phalange. De plus, il dressa la cavalerie avec des méthodes nouvelles, de manière que cheval et cavalier redoublent de puissance grâce à la parfaite discipline qui les unissait. Un jour Alexandre, jeune prince alors âgé de douze ans, observait le dressage des chevaux. Voyant un cheval particulièrement fougueux refuser d'être monté, Alexandre éclata de rire en se moquant des dresseurs qui furent vexés par l'insulte de l'enfant. Philippe II réprimanda son fils en l'informant qu'il fallait beaucoup de temps pour dresser un cheval fougueux ; le jeune prince répondit que lui aurait su le faire immédiatement. Pour le punir de sa présomption, le roi ordonna qu'on le laisse essayer. « Laissez donc, qu'il apprenne à ses dépens », dit-il malgré l'inquiétude de tout le monde face à sa proposition. Alexandre s'approcha alors du cheval sauvage, en saisit les brides et tourna brusquement la tête de l'animal. Aussitôt, le cheval devint paisible et laissa le garçon le monter. Tout le monde prit cela pour un acte de magie, mais le jeune homme expliqua que le cheval avait simplement peur de son ombre, c'est pourquoi il s'était cabré chaque fois que le cavalier l'avait approché, jusqu'au moment où on lui avait tourné la tête de l'autre côté. La mère d'Alexandre disait à son fils qu'il était le propre enfant de Zeus – ou Jupiter –, père de tous les dieux, ce qui explique que le jeune homme fasse preuve d'autant de hardiesse.

À l'âge de quarante ans, avant d'avoir mené à bien ses projets d'invasion de la Perse, Philippe II fut assassiné ; son fils Alexandre, qui hérita du trône, poursuivit les projets paternels. Mû par le désir ardent de conquérir de nouveaux pays et de connaître le vaste monde, il fit venir à la suite de ses expéditions hommes de science et spécialistes de tous les domaines, comme aussi des techniciens pour dessiner des cartes géographiques. De même, il emporta avec lui des livres de poésie, de théâtre et d'histoire pour se restaurer l'esprit. Dans le campement, le soir autour du feu, il avait l'habitude de discuter avec ses capitaines de botanique et de zoologie et il écrivait souvent à son maître Aristote en lui décrivant ce qu'il voyait, en lui en envoyant des spécimens. À Athènes, Théophraste put écrire une histoire des plantes et des animaux sur la base du seul matériel fourni par Alexandre.

Ses soldats voyaient en Alexandre un être surnaturel car il triomphait partout où il allait. Après la conquête de Tyr, le roi de Perse voulut négocier en lui offrant la moitié de l'Empire. Le général Parménion lui conseilla d'accepter, mais il répondit : « J'accepterais si j'étais Parménion, mais je suis Alexandre ! » En Égypte on le saluait comme le fils d'Amon-Râ. Il mit à la déroute l'armée persane et brûla Persépolis, mais se montra généreux envers les prisonnières de la famille royale. Puis, il continua sa marche victorieuse en direction de l'Inde, d'où il envoya en Grèce des chameaux et des éléphants.

Mais las de guerres et de voyages ses soldats demandaient à regagner leur patrie ; pour la première fois, ils refusèrent de se laisser conduire plus loin, ce qui provoqua la colère d'Alexandre, qui fut toutefois obligé d'accepter le retour, malgré lui. Mais même sur le chemin du retour il voulut continuer ses explorations – voir, par exemple, si le golfe Persique était un lac ou bien s'il faisait partie de l'océan – et envoya ses navires sur la côte pendant qu'avec ses hommes il poursuivait sa marche vers l'intérieur. En route, il fut pris par de violents accès de fièvre et en mourut ; voyager dans le désert était très dur et sur le plan physique Alexandre n'était pas plus résistant que ses hommes, quand la soif brûlante commença à les tourmenter.

L'empire d'Alexandre ne tarda pas à se disloquer, car certains des généraux envoyés administrer des provinces lointaines prirent vite leur indépendance. Toutefois, Alexandre avait littéralement changé la face du monde : il avait dirigé la première expédition d'exploration systématique de l'histoire, comparable seulement à celle que devait réaliser Jules César, deux cent cinquante ans plus tard environ.

Quant aux Romains, qui se targuaient d'appartenir à une race proche de celle des Grecs, ils estimaient qu'ils avaient pour mission de consolider dans le monde la civilisation que l'esprit grec avait inspirée et créée.

18
L'homme, où va-t-il ?

L'ensemble de l'œuvre de la nature nous révèle une unité de méthode significative : il est évident qu'elle suit un plan, le même pour l'atome et pour la planète. En 1924, l'embryologiste Childe découvrit l'existence de points d'activité fébrile dits « gradients physiologiques » qui ne s'activent pas tous ensemble, ni avec la même intensité, mais chacun à un moment donné et particulier, et selon un processus qui lui est propre. Si au départ, les cellules de ces unités sont en tout point semblables les unes des autres, ladite activité leur permet de se différencier et de se spécialiser dans la formation d'un organe. Les derniers éléments formés sont les systèmes circulatoire et nerveux qui relient entre eux tous les organes ; ils ont la particularité d'avoir été eux-mêmes créés indépendamment, mais dans un but fonctionnel différent.

Il a été établi que dans le plan de la nature, les principes fondamentaux sont les suivants :

1) La liberté et l'indépendance de chaque organe dans son développement particulier.

2) Son développement à travers la spécialisation des cellules.

3) L'unification des organes par le biais du système circulatoire.

4) L'organisation de la communication du centre vers la périphérie à travers le système nerveux.

Le sang aussi se compose de cellules, mais il est constitué aussi bien par les rebuts qui y sont déversés par les autres cellules de l'organisme que par les matières premières tirées de l'environnement extérieur. Les hormones sont produites au niveau des glandes endocrines, puis plongées dans le flux sanguin : leur rôle est de stimuler la croissance des organes, qui serait retardée si elles étaient présentes en nombre suffisant. La thyroïde produit un type d'hormone particulière différente de celle du foie. Les cellules du sang – les globules rouges – fonctionnent un peu comme des bêtes de trait qui transportent l'oxygène de l'air et les aliments nécessaires à la nutrition de toutes les parties du corps. Voici pour ce qui est du mécanisme permettant de pourvoir aux besoins physiologiques les plus élémentaires ; ensuite, il faut envisager la satisfaction de besoins d'un autre ordre et la préparation au comportement dans la vie. Pour satisfaire à ces besoins, les cellules sont prêtes au sacrifice le plus total en se transformant radicalement selon la fonction qu'elles ont à remplir. À un stade supérieur, l'adaptation au travail à accomplir atteint le niveau de l'enthousiasme, au point que rien d'autre n'a de l'importance : c'est la condition exclusive pour aboutir à la spécialisation. Pour finir, le contrôle du système nerveux insuffle la sensibilité et anime l'ensemble. Des filaments innombrables partent du cerveau pour relier à la psyché l'organisme tout entier. Cependant, un organisme est plus qu'un simple ensemble d'organes. Si les cellules nerveuses se spécialisent en s'affinant, il est impossible de concevoir qu'une seule d'entre elles assume la tâche de transformer en glucose l'amidon ou de combattre un microbe. Prisonnières d'une boîte fermée – la boîte crânienne –, ce n'est pas par le biais d'une élection générale qu'elles obtiennent la place qu'elles occupent dans le gouvernement de l'organisme. L'embryon nous enseigne combien le mécanisme de notre société est absurde, lorsqu'un groupe prétend en dominer un autre en vertu de sa seule autorité, sans rechercher le consensus. La nature nous enseigne les choses de la vie : apprenons à suivre ses enseignements !

Le bref résumé de l'histoire de la civilisation humaine retracé dans les chapitres précédents, a pour but de nous montrer à l'œuvre ce même schéma fondateur, car l'humanité elle-même n'est autre qu'un ensemble organique qui est en train de naître. Comme les organes du corps, les différents centres de civilisations se sont développés séparément pour se renforcer, puis ils se sont mis en relation de manière à se fondre dans des organisations plus vastes, sachant que s'ils n'étaient pas aptes à la survie, ils disparaîtraient tout simplement, laissant aux vainqueurs ce qu'ils avaient de plus précieux. Dans ce sens, la cruauté et l'exploitation, les guerres et toute autre forme de violence s'expliquent aussi, car les hommes n'ont toujours pas pris conscience de leur humanité commune et de l'œuvre qu'ils ont à accomplir ensemble pour la réalisation d'un destin cosmique.

Les forces qui bouleversent le monde actuel exigent que l'on prenne en compte l'unité de l'humanité avec la plus grande urgence ; fini le temps où quelques groupes raciaux ou pays isolés pouvaient accéder à la civilisation, laissant les autres dans la servitude et dans la barbarie. La persévérance dans ces idées usées ne peut qu'entraîner l'autodestruction et de nouvelles guerres. Comment faire, donc, pour obtenir un changement de mentalité général, si ce n'est par l'œuvre d'un enseignant qui n'agirait pas comme un tyran ou un missionnaire, mais comme un guide essentiel des nouvelles générations ? L'enseignant moderne se doit d'être un chercheur enthousiaste dans les domaines de la biologie et de la psychologie de l'enfant au cours des différentes phases de sa croissance, comme aussi dans celui de la psychologie humaine en général. « L'école » doit être autre chose qu'un lieu où l'on instruit, où un seul maître enseigne au plus grand nombre – avec une souffrance mutuelle et en prime de bien maigres résultats par rapport aux efforts déployés.

Tous les pays du monde sont en train d'adopter la scolarité obligatoire. Il s'ensuit que sur le front de l'instruction il y a conscription obligatoire, avec une mobilisation comparable à celle d'un pays menacé par un danger imminent. Or, il ne s'agit pas d'une mobilisation nationale, mais d'un mouvement bien plus vaste et d'une mobilisation universelle : pour la vie, cette fois, et non pour la mort !

Les enseignants se voient confier des pouvoirs immenses auxquels ils ne peuvent se soustraire. Étant donné que la santé physique est la première donnée à prendre en considération, commençons par voir quelles sont les réformes nécessaires dans ce domaine pour que les enseignants puissent assumer leur sacro-sainte responsabilité.

Dans chaque école, il est nécessaire de surveiller la croissance des enfants et toute éventuelle déviance de la normalité. La croissance ne se traduit pas par une simple augmentation de volume, mais par une véritable transformation. L'homme se « modèle » lui-même, poussé par une mystérieuse force intérieure à atteindre une forme idéale donnée. La croissance peut se définir comme une quête de la perfection stimulée par un élan vital.

Il est primordial que la civilisation produise de beaux enfants. Autrefois, on disait que « la beauté est une chose superficielle » et l'on avait tendance à détourner du miroir l'attention des enfants car on voyait là un signe de vanité pécheresse. En ce qui nous concerne, nous affirmons que les écoles devraient être aussi des institutions qui favorisent la beauté, car la beauté est l'un des indices d'une vie saine. De bonnes conditions de vie ont pour résultat la beauté et atteindre cette harmonie est l'un des buts de la méthode Montessori. Nous regardons la beauté sous deux aspects distincts : le premier qui est héréditaire, le second produit par l'environnement.

Le taux de mortalité des enfants de moins d'un an est énorme et absolument anormal, car l'importance de ce taux est due à l'ignorance et à de mauvaises conditions sociales, non à la volonté de Dieu ! Ce pourcentage diminue graduellement jusqu'à l'âge de six ans, pour atteindre et garder un niveau stable entre six et douze ans. Ces morts précoces et anormales sont de véritables crimes, des morts contre nature dont nous portons tous une part de responsabilité, en raison de laquelle nous devons nous avouer coupables. Après l'âge de douze ans, le taux de mortalité croît à nouveau jusqu'à l'âge de dix-huit ans ; il s'agit-là d'une nouvelle période dangereuse qui s'accompagne de transformations profondes. La vie ne sera sûre qu'une fois atteint l'âge de dix-huit ans.

Observez l'adulte victorieux, entre vingt-quatre et trente-six ans, au moment où il est prêt pour la reproduction de la vie et n'a pas à payer son tribut à la mort ! En réalité, la période de reproduction s'étend de dix-huit à quarante-deux ans, mais les limites plus restrictives indiquées ci-dessus pour l'âge des parents sont celles qui donnent les individus les plus forts, qui vivent vieux et gagnent la célébrité. Les enfants de parents trop jeunes ou trop vieux présentent souvent quelque chose d'anormal, ils sont faibles ou méchants, différents en tout cas des enfants sains et heureux.

Étant donné que ces statistiques concernent la mortalité infantile, on pourrait nous faire remarquer qu'il ne s'agit pas là du domaine de l'école. Soit. Toutefois, la mort d'un enfant est l'issue catastrophique du cas de figure d'un enfant parmi tant d'autres qui se trouvent dans des situations de moindre gravité, ce qui implique – puisque toutes les maladies ne conduisent pas forcément à la mort – qu'il existe un grand nombre d'enfants malades parmi les moins de six ans. Pour un enfant qui meurt, il en existe au moins une centaine qui sont malades et le plus souvent diminués par la maladie. C'est au moment où la résistance des organes cède que la maladie se manifeste, sachant qu'à un individu frappé par la maladie en correspondent de nombreux autres sur le point de l'être. Ainsi, dans nos écoles, un grand nombre d'enfants de moins de six ans ou âgés de douze à dix-huit ans sont faibles et menacés par les maladies. C'est un fait qui devrait être toujours présent à l'esprit des éducateurs.

C'est une erreur d'attendre d'un garçon en pleine puberté qu'il travaille beaucoup et qu'il fasse des progrès uniformes et constants. En cette période de la vie, il faut être indulgents avec ceux qui manifestent des difficultés. La vie d'un homme est un tout unique d'un bout à l'autre, comme une corde tendue : touchée en un seul point, elle vibre sur toute sa longueur. Ainsi la vie de l'adulte peut se ressentir d'événements apparemment anodins survenus dans l'enfance, et puisqu'il est tout à fait vraisemblable que ces périodes de faiblesse comportent des épisodes désagréables, la responsabilité de l'enseignant envers l'humanité est d'autant plus importante.

Au cours de ces dernières années, l'anthropologie pédagogique a fait de grands progrès en Europe et en Amérique. En Italie, les études menées en milieu carcéral ont mis en évidence la fréquence des malformations physiques. L'homme laid serait-il un criminel ? Il est rare qu'un criminel soit différent des autres enfants dès sa naissance, mais les conditions dans lesquelles il grandit l'empêchent de s'adapter aux lois de son pays. Les conditions sociales agissant sur son physique et sur son esprit, l'individu devient anormal : le plus souvent, le criminel est le miroir des erreurs de la société. Il est bien rare qu'un criminel le soit dès sa naissance ; on en déduit qu'il serait aisé d'effacer la criminalité du monde, si seulement on faisait l'effort de la comprendre et de vouloir l'éliminer. L'aspect physique n'est que la pointe de l'iceberg de l'ensemble des circonstances qui produisent le criminel.

De même, il a été remarqué que c'est chez les fous qu'il existe le plus grand nombre de malformations, sachant que la folie est rarement héréditaire. Aujourd'hui les fous se comptent par millions et leur nombre continue de croître. Toutefois il a été prouvé que la folie n'est pas héréditaire ; elle pourra donc diminuer si l'on étudie scientifiquement le comportement de l'enfant et si on le soigne de manière adéquate.

La tuberculose est un terrible fléau, comme le rachitisme, les maladies du cœur et de nombreuses autres malformations physiques que jadis l'on croyait – à tort – héréditaires. La poitrine d'un tuberculeux est anormalement serrée, mais ce défaut pourrait être corrigé dès l'enfance par des exercices physiques adéquats. Aujourd'hui, l'étude de la bactériologie a réduit le nombre des maladies infectieuses ; il est donc grand temps de prendre en considération un « élevage » scientifique de l'enfant comme une mesure de prophylaxie sociale, sans laquelle il n'y a pas de sens de juger les choses sur un plan moral. Certaines malformations physiques se sont révélées communes à toutes les catégories sociales, riches ou pauvres qu'elles soient, et il est assez amusant de remarquer que les écoles elles-mêmes sont tenues pour responsables de certaines d'entre elles. Malheureusement, le traitement s'est parfois révélé plus dommageable que la maladie elle-même ; c'est un peu comme si l'on voulait redresser le dos des enfants en leur accrochant des poids aux pieds pendant les périodes de repos, tout en les laissant s'asseoir le dos courbé sur un banc d'école la plupart du temps ! De la même manière, à la fin du XIXe siècle, on a compris qu'il était préjudiciable aux enfants de rester assis enfermés dans une pièce insuffisamment éclairée, car cela provoquait la myopie ; pourtant, le remède adopté fut celui de faire chausser des lunettes de vue à des enfants de huit ans…

Que l'histoire de l'enfant a été terrible ! Aujourd'hui nous pouvons sourire de ces remèdes, mais à l'époque cela signifiait au moins commencer à ouvrir les fenêtres pour faire entrer un peu d'air ; par exemple, puisque l'on pensait que le meilleur remède à la scoliose était d'introduire des périodes d'intervalle entre les heures de cours, on commença à accorder aux élèves des périodes plus fréquentes de repos. Mais en l'absence de tout projet pour une éducation heureuse des enfants, bon nombre d'entre eux furent encore sacrifiés sur l'autel de la civilisation. La seule solution trouvée fut celle d'un compromis qui réduisait au minimum les heures consacrées à l'instruction – notamment en éliminant la grammaire, la géométrie et l'algèbre –, rendait obligatoires les jeux en plein air et retardait l'âge de la scolarisation. Pourtant, tout en ayant augmenté les moments de liberté et poussé les enfants à jouer plutôt qu'à étudier, ceux-ci sont restés mentalement fatigués. Les écoles Montessori ont montré que l'enfant a besoin d'être mentalement préparé à un cycle de travail. Un travail intelligent qui l'intéresse est tout sauf fatigant et l'enfant va jusqu'à protester si on le contraint arbitrairement à interrompre l'étude pour aller jouer. Son intérêt ne surgit pas immédiatement, mais une fois qu'il est là si l'enfant est privé du travail qui en découle, c'est comme si on lui avait donné faim pour le priver aussitôt de la nourriture qui peut le rassasier.

Grâce à des expériences qui se sont étalées dans la durée, nous sommes arrivés à éliminer bon nombre d'erreurs et à trouver la clef qui peut ouvrir aux enfants les portes d'une éducation saine et heureuse. L'avenir de l'humanité dépend de notre courage et de notre persévérance à en faire usage.

Conclusion

Le chemin de la vie que chaque individu a à parcourir est constamment menacé par des dangers. La vie est un véritable champ de bataille : on peut en revenir, mais on peut aussi y être affreusement mutilé et durement blessé avant d'entrer dans la phase pacifique et triomphante que représente l'âge adulte. Dès lors, l'individu se retrouve sous la protection de la société qui remplace désormais ses anges gardiens d'antan, lui fournit les moyens de survivre et lui donne une compagne. Les deux ensemble, ils s'acheminent vers l'avenir gravissant les marches d'une destinée inconnue ; avant d'en redescendre, ils laisseront derrière eux les fruits de leur amour. Dans la phase du déclin, ils se séparent souvent et parcourent en solitaires le dernier trait de descente pour enfin plonger dans l'oubli.

La société fait grand cas de la période ascendante – celle où les individus bâtissent ce qui restera ensuite de leur activité – et récompense les gagnants en les couronnant de succès. Elle réserve tous ses soins et ses inquiétudes aux classes privilégiées, malgré la Révolution française et toutes les autres. Si les pauvres ne sont toujours pas pris en compte comme il se doit, même parmi les riches une catégorie tout entière continue d'être totalement ignorée : celle de l'enfance. Chaque problème social est pris en considération du point de vue de l'adulte et de ses exigences : le logement, le travail, le salaire, le droit de vote, etc. Mais les besoins de l'enfant sont de loin bien plus importants, puisqu'il existe chez lui des forces qui peuvent rester complètement inhibées ou, à l'inverse, se développer à notre époque comme elles n'ont jamais pu le faire dans le passé. Assurer à l'enfant un toit, des habits et de la nourriture ne suffit pas ; le progrès de l'humanité dépend de la satisfaction de besoins bien plus spirituels que ceux-là, de la création d'une humanité meilleure et plus forte.

Les problèmes sociaux de l'adulte et de l'enfant sont donc étroitement liés, mais ils peuvent aussi être pris en compte séparément ; l'école a des responsabilités particulières vis-à-vis de l'enfant. Partout dans le monde, l'école enrôle la jeunesse pour former la grande armée de la vie. Aux racines de chaque question sociale il devrait toujours y avoir le potentiel d'une humanité cultivée. Mais l'adulte ne peut plus être modifié, comme l'a bien montré l'échec de nombreuses expériences dans ce sens : c'est un sujet difficile à modeler pour qu'il révèle de nouvelles capacités humaines. Nous nous berçons dans l'illusion d'avoir atteint des sommets de philanthropie avec notre charité sociale faite de bribes misérables, que par ailleurs nous réservons exclusivement aux adultes. Nous donnons à certains de la nourriture, à d'autres des allocations de chômage, à d'autres encore le privilège de la liberté de parole, mais aucun de ces expédients ne peut grand-chose contre les maux de la société.

Commençons donc par amener dans les écoles un peu de ce progrès social dont nous sommes si fiers ! Nourrissons nos enfants, donnons-leur des espaces de jeu, des habits et la liberté de parole (le droit de poser librement des questions à l'enseignant). Ces petites choses ne seront que le début ; seules, elles ne seront pas suffisantes. Pour comprendre quels peuvent être les remèdes les plus efficaces, il nous faut étudier la nature humaine telle qu'elle se révèle à nous dans ses premières années de vie. Dès lors, nous saurons avec certitude ce qui est nécessaire et nous découvrirons aussi que les remèdes sont beaucoup plus efficaces quand ils sont appliqués à l'enfant plutôt qu'à l'adulte.

Il y a certes une différence de taille entre des individus affamés, nus et contraints au silence et des individus actifs, gais et habitués à s'exprimer librement. Mais combler ces différences n'est pas suffisant. Le remède pour le monde entier ne peut venir que de la science et de la conquête d'une personnalité éclairée – et non en faisant don d'une bouchée de pain ou d'un vieux vêtement, ni en accordant le droit de vote.

L'humanité manque encore de quelque chose de fondamental qui est à rechercher à l'origine même de la vie : là seulement nous pourrons en trouver la clef.

Dans ce livre nous avons donné pour acquis le fait que les enseignants qui accèdent aux classes supérieures des écoles Montessori soient déjà familiarisés avec le cursus du primaire, où la psychologie a une part bien plus importante dans la préparation à l'ensemble de la méthode. C'est pourquoi, nous n'avons pas insisté sur l'attitude que l'on attend de l'enseignant vis-à-vis de l'enfant qui lui est confié. Toutefois, il n'est peut-être pas superflu d'en rappeler quelques principes de base dans cette conclusion.

Dans ces classes supérieures comme dans celles qui les ont précédées, la première chose à faire pour enseigner dans une école Montessori consiste à renoncer à sa toute-puissance pour s'apprêter à observer avec joie. Si l'enseignant prend du plaisir à voir les choses naître et grandir sous ses yeux et s'il sait travailler avec humilité, des joies nombreuses l'attendent qu'ignorent tous ceux qui face à une classe d'élèves prétendent être infaillibles et prétendent exercer une autorité absolue. Les enseignants de cette sorte se nourrissent d'illusions, incapables qu'ils sont de voir la vérité des choses. S'ils se déclarent d'accord quant à la nécessité de cultiver la volonté pour que les enfants fassent preuve d'un intérêt spontané, ils prétendent contrôler cela par des méthodes rigides et répressives. Il y a là une contradiction pure et simple : il est impossible de développer un aspect donné tout en le réprimant. Malheureusement, les personnes qui se bercent dans leurs illusions sont aussi dépourvues du moindre sens logique ; ainsi, dans leur travail à l'école, ces enseignants s'attachent à appliquer leurs contradictions, à commencer par la chose la plus facile : ils répriment, ils ordonnent et ils détruisent. Détruire est quelque chose de simple et de rapide, qu'il s'agisse d'une structure simple ou complexe : c'est à la portée de n'importe qui. En revanche, qu'il est difficile de construire !

L'enseignant d'autrefois avait inconsciemment l'habitude de dresser en modèle ses propres vertus. Il était parfait, autrement dit il était persuadé de savoir toujours ce qu'il fallait et ce qu'il ne fallait pas faire. Il avait face à lui des êtres vides à remplir de notions et à modeler à sa propre image… avec l'aide de Dieu ! Ces êtres – qui avaient au fond d'eux-mêmes un créateur bien plus grand – se voyaient contraints de ressembler à leur enseignant, déterminé qu'il était à les modeler selon son propre idéal de « bonté » et à les punir s'ils désobéissaient. Un tel enseignant n'est même pas un tyran, car pour l'être il faut de l'intelligence, comme l'histoire nous l'enseigne. Loin d'être quelque chose de mécanique, l'obéissance est une force naturelle de cohésion sociale, intimement liée à la volonté : elle est même, carrément, la sublimation de celle-ci. Pour surprenante qu'elle soit, cette affirmation n'en est pas moins véridique. La meilleure forme d'obéissance se traduit par une sublimation de la volonté de l'individu, une qualité de l'âme humaine sans laquelle la société ne pourrait pas exister. Toutefois, une obéissance dépourvue d'un contrôle personnel efficace, au même titre qu'une obéissance qui ne serait pas le fruit d'une volonté consciente et exercée, peut conduire des peuples entiers à la ruine.

En renonçant à sa force et à son autorité, l'enseignant comprend aussitôt combien de choses cette perte lui fait gagner. Il acquiert la patience du scientifique, une patience qui se manifeste par un intérêt passionné pour ce qui lui est donné d'observer. Les hommes de science aussi renoncent à des choses généralement considérées comme attractives, sans pour autant le regretter. Rappelons à ce propos l'exemple de Marie Curie qui n'éprouvait que de la contrariété quand une institution interrompait son travail sur le radium pour lui remettre un titre honorifique ! Thomas Edison, l'un des premiers amis de la méthode Montessori, se lassa vite des réceptions mondaines auxquelles le conduisait son élégante femme, car son cœur restait dans son laboratoire. En rentrant un jour chez lui, il enleva sa cravate et son habit, les roula en boule et les jeta par la fenêtre en disant : « Voilà ce que je fais de ton mondain de mari ! » Puis, il reprit sa vieille blouse de travail et ses pantoufles. Des personnes dans son genre ne vivent pas comme un sacrifice de renoncer à ces joies mineures car cela laisse place à des joies bien plus grandes. En réalité, Thomas Edison faisait ce qu'il aimait le plus, car il avait acquis un intérêt si grand pour son sujet que son travail en était transformé et ennobli. L'enseignant qui atteint ce niveau d'intérêt subit une transformation similaire et rallie la catégorie heureuse des gens qui ont trouvé leur voie dans la vie. Comme les hommes de science, ils pénètrent alors les secrets de la vie et loin de garder pour eux les récompenses qu'ils en reçoivent, ils les partagent avec l'humanité tout entière.

TABLE

Dépôt légal : janvier 2016

Achevé d'imprimer en France en septembre 2021
par Dupliprint à Domont (95)
N° d'impression : 2021094420 - N° d'édition : 1860992